金融的智慧

The
WISDOM
of
FINANCE

[美] 米希尔·德赛（Mihir Desai）著
肖志清　黄俊萍　译

中信出版集团 | 北京

图书在版编目（CIP）数据

金融的智慧 /（美）米希尔·德赛著；肖志清，黄俊萍译. -- 北京：中信出版社，2025.6. -- ISBN 978-7-5217-7524-2

Ⅰ.F830

中国国家版本馆 CIP 数据核字第 20253GJ960 号

The Wisdom of Finance by Mihir A. Desai
Copyright © 2017 by Mihir A. Desai
Simplified Chinese translation copyright © 2025 by CITIC Press Corporation
ALL RIGHTS RESERVED
本书仅限中国大陆地区发行销售

金融的智慧
著者：[美] 米希尔·德赛
译者：肖志清　黄俊萍
出版发行：中信出版集团股份有限公司
（北京市朝阳区东三环北路 27 号嘉铭中心　邮编 100020）
承印者：三河市中晟雅豪印务有限公司

开本：787mm×1092mm　1/16　　印张：16.25　　字数：155 千字
版次：2025 年 6 月第 1 版　　　　　印次：2025 年 6 月第 1 次印刷
京权图字：01-2025-0603　　　　　　书号：ISBN 978-7-5217-7524-2
定价：69.00 元

版权所有·侵权必究
如有印刷、装订问题，本公司负责调换。
服务热线：400-600-8099
投稿邮箱：author@citicpub.com

献给

蒂娜、米娅、伊拉

和

帕尔瓦蒂

金钱如诗。

——华莱士·史蒂文斯,《遗作集·箴言》

(*Adagia in Opus Posthumous*)

目录

序 / V

引言 金融与美好生活 / IX

第一章
命运之轮 / 001

弗利特克拉夫特的故事——高尔顿钉板——从船舶抵押合同到唐提式保险——我们每个人都是一家保险公司——华莱士·史蒂文斯与《秩序观念》

第二章
风险交易 / 029

伊丽莎白·贝内特作为风险管理者——如果牛顿在高盛集团工作——我宁愿不——斯特林格·贝尔、斯蒂芬·库里和金融领域中唯一真正的"免费"午餐——你生活中的负贝塔资产

第三章

论价值 /055

有关银子的寓言——价值创造的残酷逻辑——获取更高的受教育程度值得吗？——你的终极价值观——塞缪尔·约翰逊和约翰·弥尔顿的天赋——阿尔法收益和贝塔收益——你还清债务了吗？

第四章

成为自己的制片人 /075

布卢姆和比亚里斯托克论公司治理——苹果公司和同笑乐糖果公司——委托-代理链条——艾默森和塞西尔——梅尔·布鲁克斯谈弗洛伊德——一张白纸

第五章

没有金融就没有爱情 /101

打工女郎——文艺复兴时期意大利的嫁妆基金——忘年之恋——通用汽车公司和费希博德公司——没有金融的爱情

第六章

美梦成真 /127

亚当·斯密和边沁论杠杆——感激和义务的鱼钩——杰夫·昆斯和乔治·奥威尔论杠杆——史蒂文斯和债务积压——承诺的力量——在拉斯维加斯的《大力水手》

第七章
在失败中前行 / 151

一个本可以被印在 10 美元钞票上的人——1800 年的破产法——自动中止——美国航空公司的战略性破产——阿伽门农、阿周那、赫卡柏和破产

第八章
人人都痛恨金融的缘由 / 175

帕霍姆面对的诱惑——龙虾和乌贼——追求越多，收益越少——金融的浑蛋理论——恰当地利用金融工具的亚里山德拉·柏格森

后记 / 193

致谢 / 197

注释 / 201

插图来源 / 233

序

  本书不会告诉你最新的股市赚钱技巧或增加储蓄的方法，也不会教你如何最佳配置你的退休资产。

  本书旨在弥合金融与文学、历史、哲学、音乐、电影和宗教之间的鸿沟，使金融更具人文精神。

  你将在本书中看到哲学家查尔斯·桑德斯·皮尔斯和诗人华莱士·史蒂文斯对风险和保险概念的理解，也将看到《傲慢与偏见》中的伊丽莎白·贝内特和《芬尼斯·芬恩》中的维奥莱特·埃芬厄姆是如何成为老练的风险管理者的。本书还讨论了有关银子的寓言和约翰·弥尔顿对价值创造与估值的深刻见解，以及文艺复兴时期佛罗伦萨的嫁妆融资和电影《打工女郎》对并购的诠释。你也将从美国殖民地时期富豪的传奇陨落和希腊悲剧中获得关于破产与财务困境的洞见。最后，本书将探讨杰夫·昆斯的职业生涯，以及《长日留痕》中史蒂文斯先生对杠杆与风险的理解。

简言之，本书将探究人文学科如何诠释金融的核心理念，以及这些理念所揭示的人性。

因此，本书实际上也是在探讨：保险如何帮助我们理解和应对世界的混乱无序；资本资产定价模型如何引导我们认识人际关系的价值和无条件之爱的真谛；理解价值创造如何帮助我们过上有意义的生活；理解破产如何帮助我们应对失败；理解杠杆理论如何让我们了解承诺的价值。

对不熟悉金融但又对金融感到好奇的读者来说，本书致力于只以故事的形式来讲述金融的主要思想，而不依赖任何公式或图表。一直令我很吃惊的是，我的很多学生对金融望而却步。这并非没有原因：有些金融从业者似乎故意让别人望而生畏。通过将故事与金融理念联系起来，原本令人生畏的概念有望变得通俗易懂、生动有趣。对于那些对金融感兴趣的普通民众或有抱负的专业人士来说，金融从未像现在这样重要，而对金融的无知也从未像现在这样代价高昂。至少，当你认识的人开始谈论期权、杠杆或阿尔法收益时，你会明白他们在谈论什么。

本书为金融专业的学生和从业者提供了一种全新的、不同的看待金融的视角。在我的课堂上，我发现很多金融从业者学习金融的方式都比较机械，这导致他们对基本概念的理解非常肤浅。当我询问他们对金融的直观理解时，他们背过的那些公式并没有提供什么帮助，他们无法清楚地解释金融活动背后的原理。通过采用截然不同的视角重新审视这些概念，不仅可以加深你对它们的理解，更重要的是，还能增强你的直觉力。

对于那些常年在金融行业打拼的读者来说，本书是最后的希望。如今，你们的工作经常受到诋毁，金融行业被外界贴上负面标签，这可能让你们难以找到人生的意义。但是，金融有其巨大的价值。也许重新认识这种价值，能够让你们意识到，你们一生的工作实际上是对你所珍视的价值有意义的延续。罗伯特·弗罗斯特曾经创作了一首关于业余伐木工的诗《泥泞时节的两个流浪汉》，在诗的结尾，他生动地展现了将工作和生活视为一个整体的重要性。

> 我生活的目标是将
> 我的爱好与职业结合在一起，
> 正如两只眼睛使视力合一，
> 只有当爱好与需要融为一体，
> 工作是拼命一搏的游戏时，
> 才能真正地建立功绩，
> 为了天堂和未来的利益。

本书最大的愿望，是通过重新发现金融核心理念中蕴含的人性，努力改善金融实践。将金融妖魔化的做法只会适得其反。监管虽有一定帮助，但对于解决金融业沦为榨取财富而非创造价值的行业这一问题，无济于事。也许我们可以借由故事的力量，为金融理念注入新的活力，从而找到回归更崇高职业的道路。

引言 金融与美好生活

"华尔街与主街之争"的论调随处可见,这反映了一种普遍的观点,即认为金融业从经济活动中获取的价值多于其创造的价值。与此同时,人们也越来越意识到金融对我们的经济和生活的

重要性。无论是退休资产,还是我们在住房和教育方面的投资,都离不开金融活动。我们对金融既有质疑,又感到好奇,这种态度叠加金融本身的复杂性,例如那些枯燥乏味的缩写、公式和电子表格,给我们理解这一领域造成了更多的障碍。

对金融从业者而言,这就产生了几个问题。他们需要更清楚地解释和证明他们所从事的工作,以重新赢得民众的信任。他们必须确保自己的工作真正创造了价值。从个人的角度来看,从事一个被负面地评价的行业必然会对从业者产生负面影响。事实上,人们对金融业的这种态度,往往使金融从业者自己也不会对工作抱有太高的期待和远大的追求。随着期望值不断被拉低,不良行为逐渐增多,一种恶性循环最终形成了。

我们该如何普及金融理念,使每个人都能积极参与学习?又该如何重拾金融美德的观念,从而改进我们的金融实践?

本书采用了一种非传统的观点,透过人文学科的棱镜来审视金融,这将有助于我们重塑金融的人文特质。此外,将金融与我们的生活故事相结合也能帮助我们更容易地理解金融、它要解决什么问题以及应该用什么方法解决。相较于加强监管和发泄愤怒,要想修复当前金融行业面临的问题,更重要的是让金融从业者回归金融的本质和初心,真正让金融成为创造价值而非榨取价值的工具。将金融核心理念与文学、历史和哲学相结合,能够激发从业者更深层次的共鸣,增强他们对金融腐败的抵抗力。

将金融与故事相融合的构想是很偶然的。那是2015年的春天,我再次陷入以前经常碰到的困境——在最后一刻想尽办法兑现承诺。我答应为哈佛大学商学院的MBA（工商管理硕士）毕业班上"最后一课"。"最后一课"系列讲座是哈佛大学商学院MBA课程的一项教学传统，教授会在学生毕业之际为学生留下一些人生哲言和寄语。在最理想的情况下，这一传统将使大学回归其本质。大学是专业知识的生产和传播场所，但更重要的是，这一传统使我们暂时回归了往昔的大学理念，即承认约翰·亨利·纽曼在150多年前所表达的："任何一门学科的一般原理，你都可以通过阅读图书在家中学到，然而，那些细节、色彩、口吻、氛围以及赋予它生命的那股生机，凡此种种你都必须要从已经拥有这些的人那里获得。"[1]

拖了一段时间后，本来我打算回到熟悉的领域，分享一下美国公司最近的财务发展。演讲主题是"慢镜头下美国的杠杆收购"（The Slow-Motion LBO of America），旨在探讨如何理解和扭转当前的股票回购热潮。我有一些非常具体且引人深思的内容可以分享，我相信我有自身的优势，因为我的分享比其他演讲者的夸夸其谈更有内容和深度。

之后，我去见了一位好友兼同事。在过去的一年里，我们曾多次探讨如何通过逼迫自己迎接新的挑战来重塑自己。我把有关这次演讲的决定告诉了他，他的反应很冷淡。我想他内心或许是在质疑："真的吗？你觉得他们毕业时需要听你讲这些吗？这也是你期望的吗？"

他的沉默让我意识到，如果这样做，我就可能会错失良机。但他的质疑给了我勇气，让我去思考一些对我而言颇具挑战性的事情——我是一个在统计学和经济模型中成长起来的社会科学家。这一次，我不打算讲熟悉和安全的话题，而是想尝试讲一讲"美好生活"。但步入中年的我，对美好生活究竟了解多少呢？

市场，尤其是金融，过去常被我们视作为了追求美好生活而不得不回避的粗俗领域，这种普遍的观念一直困扰着我。认为金融对世界毫无价值，因此也自然缺乏智慧，这种观念已经广泛存在。那些将金融活动与上帝的工作进行生硬比较的高管，只会让人觉得金融没有任何智慧可言。

然而，对金融和市场的普遍排斥是有问题的。首先，拒绝将市场和金融视为智慧之源于事无补。许多高学历人士大部分时间都在深度参与市场，关注金融事务。如果暗示金融业没有积极的价值，无异于怂恿这些人过一种毫无价值的职业生活，并将个人的道德自我与工作分离。这种分离是很困难的，往往也是站不住脚的。缺乏智慧和价值的工作能让你过上幸福的生活吗？

除了极其不切实际，这种排斥似乎也是完全错误的。我的许多朋友和以前的学生都热爱金融、市场和商业，认为它们对生活有积极意义。他们知道金融实践并不神圣，与上帝的工作相去甚远，但他们从自己的工作中获得了真正的快乐。相比之下，那些粗俗的、毫无道德价值的工作能带来快乐和职业满足感吗？如果这种普遍的观念被证明是无益的、不正确的，那么相反的观点会是什么样的？

和往常一样，我首先确定了讲座主题——"金融的智慧"，但实际上对其含义仍然不太确定。随后几周，我惊讶地发现，我竟然能轻松地将金融课程与生活联系起来，而且这些联系是如此丰富多彩。讲座结束后，MBA学员的反响让我感到非常震撼，他们显然渴望从自己的生活和工作中获得智慧。在职的管理人员更加心怀感激，因为他们更能理解生活中的许多挑战。和以往的情况类似，我不经意间做出了一个承诺，但这个承诺所带来的回报远远超过了我所投入的努力。

虽然讲座成功地将金融的核心思想与有意义的生活联系了起来，但写书却带来了新的问题。那些对商业感兴趣的人，可以轻松地就金融与生活的关系这个话题聊上一个小时。但是，我能否在一本书中以生动活泼的方式向不同的读者讲述这个话题？我是在演讲还是在写书？

在被这些问题困扰时，我突然想起，我见过的对金融的最佳描述既不是来自教科书，也不是来自美国全国广播公司财经频道的特别报道，而是出自一位赛法迪犹太人于1688年在阿姆斯特丹用西班牙语讲述的一则寓言故事。

约瑟夫·德拉维加在他的著作《乱中之乱：股市三人谈》中生动地描绘了当时令许多观察者着迷的新兴金融市场。这个充满活力的市场活动围绕唯一一家公司的股票展开，那就是荷兰东印度公司的股票，该公司的影响力和主导地位放在今天，应该说，就是谷歌、阿里巴巴和通用电气三家公司合起来也稍逊一筹。

德拉维加的解释追溯到了历史悠久的荷兰东印度公司。当时，分红"有时是用丁香支付的……只要董事认为合适就行"。他的故事的其他部分则非常具有现实意义，比如他解释了过低的利率如何导致市场泡沫化以及破产企业如何被重组。

他并没有枯燥地阐述这个市场的本质,而是讲述了一个故事——一个商人、一位哲学家和一个股东之间的对话。商人和哲学家是实干家和思想家的化身。他们对金融市场的运作方式感到很困惑,于是向股东请教。

当哲学家解释自己对金融市场知之甚少时,股东用我最欣赏的一段对金融的描述回答他:"我不得不说您确实无知,尊敬的白胡子朋友,如果您对这个神秘的行业真的一无所知。这个行业既是欧洲最公平的,也是欧洲最狡诈的;既是世界上最高尚的,也是世界上最臭名昭著的;既是世界上最美好的,也是世界上最庸俗的。它是学术的精华,也是欺诈的典范;它是聪明人的试金石,也是鲁莽者的墓碑;它是有用的宝库,也是灾难的源泉;它既像西西弗永不停歇地推着巨石上山一样,又像伊克西翁被绑在永不停转的轮子上受罚一样。"[2]

通过讲述这个故事,德拉维加为我们展现了金融好的方面和坏的方面,而这个故事也让我看到了金融在其他众多故事中的影子。我一直很喜欢故事,但成为经济学家后,我开始不相信故事了。现在,我要回到故事这种形式。

很快,我开始在文学、哲学、历史,甚至流行文化中寻找金融的影子。一旦看出相似之处,我就停不下来。我开始明白为什么金融与这些领域有着深刻的联系。许多人对市场,尤其是对金融市场,怀有不信任的态度,因为他们认为市场对人性充满敌意,但也许这完全颠倒了事实。事实上,金融与我们的人性息息相关。

从另一个角度来看，哲学家弗里德里希·尼采指出，责任和个人义务的整个概念植根于"最古老、最原始的个人关系，即卖方与买方、债权人与债务人之间的关系。在这里，人类历史上第一次出现了人与人之间的对立，即个体开始以其他个体作为衡量自己的标尺。我们还没有发现一个尚未发现这种关系的文明。设定价格、衡量价值、设定等价物、交换物品——这些都是人类最初的思维的一部分，在某种意义上，这就是思维本身。这就是所谓精明的最早起源……人类形容自己是一种会评估和衡量价值的生物，是'天生会算计的动物'"。[3]

摆脱了将金融、市场与人性对立的传统观念后，我决定写一本书，希望能将它们统一起来。我期待这种统一能够纠正人们对金融领域的误解，使其更容易被人们所理解。

后面的章节可按任意顺序阅读。但本书的结构经过了精心安排。我希望读者通过阅读本书中的故事，不自觉地获得对金融的直观感知，就好像在上一堂生动的金融课。

尽管许多人喜欢将金融学类比为物理学，但更贴切的类比应该是生物学。金融学有一个分支类似于分子生物学，精准地聚焦生活最基本的组成部分。这个分支被称为"资产定价"。另一个分支则类似于社会生物学，名为"公司金融"，关注的是我们在实际观察中见到的一切偶然性和混乱性。本书将金融的概念大致分为这两个分支。

本书前三章探讨了有关资产定价的基本问题——人们该如何应对世界上无处不在的风险？在构思本书时，我意识到了保险对于金融的重要性，也意识到了保险对我的认知方式产生的重大影响，因此，第一章通过阐释有关弗朗西斯·高尔顿的高尔顿钉板、作家达希尔·哈米特、哲学家查尔斯·桑德斯·皮尔斯以及诗人华莱士·史蒂文斯等人的例子，介绍了风险和保险的基本常识。

第二章将保险的逻辑延伸至两个关键的风险管理策略——期权和分散投资，这两个策略与应对不确定性的策略相呼应。第二章主要通过分析作家简·奥斯汀、安东尼·特罗洛普以及古希腊哲学家泰勒斯的作品来分析金融现象。在了解风险和保险的基础上，第三章将讨论风险与回报的对应关系，以及这种关系如何决定创造价值的条件。在这一章中，约翰·弥尔顿、塞缪尔·约翰逊以及有关银子的寓言故事将引导和启发我们的思考和理解。

金融学中的资产定价旨在通过思考资产所带来的风险，以及我们为承担这些风险所要求的回报来确定资产的价值。许多人并不认为市场是确立真正价值的机制。本书的第一部分认为，价值问题——包括价值如何产生以及我们应该如何衡量价值——以多样的方式将金融学与人文学科联系在一起。

资产定价为风险和价值提供了一个强有力的视角，但它忽略了生活中的复杂性和混乱性。事实上，资产定价的起源常常以这样一个故事来描述：一群生活在孤岛上的人，每个人都拥有不同的果树，他们只能通过相互交换水果来满足需求。资产定价只关注所有者和他们的非实体资产之间的关系，忽略了世界的复杂性，比如公司的差异、更复杂的个人动机以及资源和信息的不对称传播。这些混乱性正是我们大多数人每天都在经历的，也正是公司金融学的主题。

第四章至第七章讨论了这些混乱性。第四章将探讨当投资者与其拥有的生产性资产之间的关系由具有自身动机的中介来调节时，什么会发生。由此凸显的委托人（股东）与代理人（经理）之间的关系，事关公司治理，也可以说是现代资本主义的核心问题。正如梅尔·布鲁克斯执导的电影《金牌制作人》以及爱德华·摩根·福斯特的长篇小说《看得见风景的房间》所展示的那样，委托-代理问题是一个有力的框架，代表了我们在生活中自觉或不自觉地代表他人行事的情况。

既然我们已经介绍了公司的概念，现在可以考虑公司应该在何时以何种方式进行组合，也就是所谓的公司合并。在第五章中，我们将公司合并与爱情进行对比，通过探索文艺复兴时期的佛罗伦萨和罗斯柴尔德家族的崛起，以及美国在线和时代华纳的合并，阐述爱情与金融之间存在的千丝万缕的联系。

第六、七章通过探讨债务的概念以及过度负债的结果——破产，将资产定价的风险教训与公司金融的混乱结合起来。艺术家杰夫·昆斯的作品和威廉·莎士比亚的《威尼斯商人》让我们能够从更个人化的角度去理解借贷的承诺。而石黑一雄的《长日留痕》、殖民地时期美国传奇首富的陨落以及美国航空公司破产的案例研究，则让我们认识到过度借贷的风险和义务冲突的益处。

最后一章旨在综合全书的主要内容，并尝试解释前几章阐述的崇高金融理想与当下金融业声誉之间的脱节问题。作家列夫·托尔斯泰和西奥多·德莱塞撰写的故事反映了人们对金融行业的一般看法或印象,而薇拉·凯瑟提供了一种生活方式的秘诀,这种生活方式与前几章所讨论的崇高金融理念是一致的。本书最后附有简短的后记和详细的参考文献(包括进一步阅读的建议)。

在领略完金融学的两大分支——分子生物学(资产定价)和社会生物学(公司金融)之后,我希望金融对你来说会更加生动有趣,并能帮助你更好地掌控生活中的风险和回报。

第一章

命运之轮

在《马耳他之鹰》的中间部分，作者达希尔·哈米特停下描写紧张刺激的故事情节，转而讲述了一个有趣的小故事。文学评论家史蒂文·马库斯认为，弗利特克拉夫特的故事是"全书最重要的片段……也是哈米特所有作品中最重要的片段之一"。[1] 不知为何，导演约翰·休斯顿却在根据此书改编的经典黑色电影中省略了这一故事。片中侦探萨姆·斯佩德一角由彼时年轻的亨弗莱·鲍嘉饰演。

斯佩德，硬汉派侦探的化身，在和红粉佳人布里奇·奥肖内西谈话。这个女人从他的客户迅速变成了他的情人，而后越来越像头号嫌疑人。没有任何铺垫，斯佩德就开始向布里奇·奥肖内西转述弗利特克拉夫特的故事。弗利特克拉夫特是华盛顿州塔科马市一名成功的房地产经理，拥有"美国成功人士所拥有的一切"[2]，包括一辆新的帕卡德汽车、房子、妻子、两个孩子以及一份前途光明的事业。弗利特克拉夫特没有任何秘密的嗜好或隐藏的邪念。他的生活井然有序，而且他还在不断取得成功。但有一天午饭后，他突然消失了，没有留下任何解释，他的离开没有任何感情或经济方面的动机，"就像握紧的拳头突然张开"那样始料未及。

5年后，附近的斯波坎市有人联系了弗利特克拉夫特的妻子，说在那里看到了她的丈夫。她请斯佩德前往调查，果真找到了弗利特克拉夫特。现在的他是一名成功的汽车经销商，有了新的家庭、新的住所，以及新的名字：查尔斯·皮尔士。弗利特克拉夫特/皮尔士并没有因为抛弃了他们而感到内疚，他向斯佩德说道，他之前的家人得到了很好的经济保障。尽管如此，弗利特克拉夫特/皮尔士还是很想给斯佩德一个详细的解释，因为他从来没有告诉过任何人到底发生了什么。

弗利特克拉夫特解释说，他失踪那天，本来正要去吃午饭，结果在路上碰到建筑工地的一根钢梁从8楼坠落，钢梁恰巧砸落在他身旁的人行道上。从人行道上溅起的水泥碎片擦伤了他的脸颊，甚至给他留下了一道小伤疤。就在那一瞬间，弗利特克拉夫特感到心头一震，他"觉得有人打开了生活的盖子，让他看到了生活的全部"。

弗利特克拉夫特的生活本来"整洁、有序、理智、负责",而现在,"坠落的钢梁让他意识到生活根本不是这样的"。我们活着只是因为"意外"没有发生在我们身上。惊恐过后,他开始感到不安,因为他"发现尽管自己努力合理安排生活,但还是乱了步调,和原来的生活节奏脱节了"。午饭后,他立即决定必须"调整自己,以适应这种生活的新景象"。他总结道:"生命随时都有可能因随机坠落的钢梁而结束,他只需要离开,就可以随机改变自己的生活。"于是,他立即坐船去了旧金山,之后又四处游历了好几年。

斯佩德在故事的结尾说,弗利特克拉夫特/皮尔士最终"回到了美国西北部,在斯波坎市定居,并又结了婚",还有了孩子。知道了这些后,他的第一任妻子"不再想和他复合,所以最终他们低调离婚,一切都顺利地进行了"。弗利特克拉夫特/皮尔士完全没有感到愧疚和懊悔,因为在他看来自己的行为完全合理。

接着斯佩德以这篇故事中他最喜欢的一部分总结道:"我想他自己都没有发现,他很自然地又重复了原来在塔科马市想要跳出的生活轨迹。但这一部分是我最喜欢的。他让自己适应了钢梁的坠落,又在后来钢梁不再继续坠落时,让自己重新适应了它们不再坠落的状态。"

在读这个故事时,我的脑海里频频浮现两幅画面。第一幅画面是传声头像乐队(Talking Heads)的大卫·拜恩在挥舞着双臂,质疑他平庸的郊区生活。就像所有人都会在生命的某一刻质问自己一样,大卫·拜恩质问自己:"我怎么走到了这一步？"[3]"一生一次"的经历让弗利特克拉夫特质疑一切。第二幅画面是电影《双面情人》中格温妮斯·帕特洛饰演的海伦·奎勒在伦敦赶地铁的画面。很快，我们看到了两种人生在她面前展开，到底是哪种取决于她是否赶上了地铁。说到底，弗利特克拉夫特和奎勒的人生，都是由偶然事件决定的。

从弗利特克拉夫特的故事中，我们至少可以学到两点。第一点是偶然性在我们生活中的主导作用。弗利特克拉夫特意识到，生活并不能被有序地安排，我们必须意识到现实生活中充满了偶然性。第二点更加微妙。故事中斯佩德最喜欢的部分，就是弗利特克拉夫特虽然努力想"随机改变他的生活"，却还是回到了他之前的生活轨迹。也就是说，偶然性固然重要，但我们还是逃不出自己的生活模式。就像拜恩一遍遍地唱着"一生一次"，但一切却依旧"一如既往"。

就像所有精彩的侦探故事一样，在达希尔·哈米特撰写的故事中，关键线索明明就触手可及却无人察觉。哈米特选择的这两个名字——弗利特克拉夫特和查尔斯·皮尔士，给故事增添了几分深意，还将这个故事和金融联系在一起。因为金融的核心，正是理解生活中的风险与随机性，并利用模式的主导地位来谋求利益。已经很少有人使用"弗利特克拉夫特"这个名字了。但是，在平克顿安保公司做过调查员的哈米特当然知道，弗利特克拉夫特出版了当时人寿保险业精算分析的"圣经"。弗利特克拉夫特是个统计学奇才，他出版的系列作品帮助新兴的保险业算出了潜在客户生存和死亡的概率。

查尔斯·皮尔士之所以作为第二个名字，是因为哈米特想让读者想起那位已被人遗忘的传奇人物：查尔斯·桑德斯·皮尔斯。查尔斯·桑德斯·皮尔斯是"实用主义"哲学流派的创始人，还是一位数学家兼逻辑学家，人们认为他的研究为 20 世纪数学领域的多项重大进步奠定了基础。他还是符号学的创始人，为现代文学理论打下了坚实基础。此外，他还是现代统计学的奠基者，随机试验也是他发明的。

简言之，皮尔斯身兼科学家、数学家和哲学家等多重身份，是典型的文艺复兴式人物。英国哲学家伯特兰·罗素认为他是"美国最伟大的思想家"[4]；哲学家卡尔·波普尔则将他称作"史上最伟大的哲学家之一"[5]；在小说家沃克·珀西看来，他比达尔文和弗洛伊德更有影响力，因为他"为统一的人类科学奠定了坚实基础"[6]。与他相比，杰斐逊、爱默生、詹姆斯、尼布尔、杜威都黯然失色——皮尔斯才是真正的大师。

对皮尔斯来说，一切都归结为保险。纵观他的一生，他总在保险。1869 年，他曾宣称"我们每个人都是一家保险公司"。[7]为什么这样一位博学深沉的思想家，却一直探索在大多数人眼里平庸而无趣的东西——保险呢？这是因为保险并不平庸，也不无趣。对皮尔斯来说，它是理解生命的核心框架。

他对保险的钟爱，在他生命最后发生的一连串有趣的转变中表现得尤为明显。由于总是陷入不符合道德规范的感情关系，皮尔斯一直被学术界排斥，其中包括当时哈佛大学的校长查尔斯·威廉·艾略特，皮尔斯因此丢掉了终身教职，晚年生活穷困，为赚取收入四处奔波。他的朋友——哲学家威廉·詹姆斯积极为他寻找赚钱机会，并多次建议皮尔斯举办实用主义的系列讲座，毕竟他是创建这一哲学流派的关键人物。最终，在成功说服哈佛大学理事会原谅他之前不道德的行为后，皮尔斯于1903年受邀在哈佛大学做了6场讲座。

哈佛大学隆重地公布了皮尔斯要开系列讲座的消息。而令人意想不到的是皮尔斯在第一场讲座中竟大谈特谈概率和保险公司，这让詹姆斯和他的同事震惊不已。听众无法理解，皮尔斯用微积分推导出了保险公司设定保单价格的盈利条件。要知道，当时，还从未有人将微积分应用于金融领域，更不用说哲学领域了。

从来不对数学着迷的詹姆斯惊恐万分，认为皮尔斯肯定是失去了理智。他在给朋友的信中写道，皮尔斯成了一个"东拉西扯的高智商怪物"[8]，一个"声名狼藉、令人不齿的老家伙"[9]。皮尔斯没能妥善地利用这次重返学术界的机会来获得稳定的收入。相反，他的讲座让他遭到了更多的排斥。最终，皮尔斯在穷困中度过了余生。直到1913年去世，他也未能被学术界接纳。

皮尔斯到底在保险中看到了什么？为什么对保险的理解对人类生活如此重要？我们又该如何理解保险的重要性呢？为什么哈米特在阐述保险时故意选用了弗利特克拉夫特和查尔斯·皮尔士这两个名字？要弄清楚这些问题，首先要理解风险的本质和概率的概念。

在我执教的20年中，我教授过有关微观经济、金融、税法、国际金融以及创业的内容。每门课都有难教的内容，但我都能应付下来，唯独概率学让我备感吃力。我最严重的两次教学失败经历，都发生在概率学课上。第一次是我试图借助"我有两个女儿的可能性有多大"这一简单问题来让学生建立概率的概念。谁承想，这个问题火速演变成了一场针对各个国家中男性比例大于女性的经验性规律的讨论，而这一规律并不能完全归因于某些文化中重男轻女的倾向。20分钟过去了，我们讨论了性别比例、选择性流产、杀婴罪，但没人学到一丁点儿关于概率的知识。

第二次失败的教学尝试是试图引入"蒙提·霍尔悖论"来讨论概率。这个问题由游戏节目《让我们做个交易》衍生而来。节目中，参赛者有三道门可供选择。其中一道门的后面是丰厚的奖品，另外两道门后面都是安慰奖。当你选择一道门后，节目主持人，也就是蒙提·霍尔，会告诉你剩下的两道门后哪一个是安慰奖。然后，他会问你要不要改变选择。这时，你应不应该放弃你原先的选择，改选另一道门呢？针对这个问题的讨论并没给人启发，反而令人更加困惑（是的，你应该换，我可以保证）。学生最后转而开始讨论，人应该如何减少生命中的遗憾，想做就做——把握现在！就这样，我的金融课堂变成了"死亡诗社"。

如果你也像我一样，对概率学感到头疼，放轻松，你不是唯一一个。在人类历史的大部分时间里，简单的概率直觉从来都难以捉摸。统计学者一直在研究，为什么人类花了数千年的时间才知道：偶然性不可简化、无处不在，但又可以被理解，被严格分析。科学哲学家伊恩·哈金说，这一真相在弗利特克拉夫特的另一个身份——查尔斯·皮尔士身上体现得最为明显。而这个惊人的发现，正是保险乃至现代金融的基石。说到底，金融就是一组工具，帮助人们更好地应对这个充满风险和不确定性的世界。

概率直觉的难以捉摸性是一道尤其深奥的谜题，赌博存在了千年之久——没有什么活动比赌博更充满概率和规律了。那么，既然赌博如此古老，为什么概率思维没有被早点发现呢？想一想赌博的当代变体《命运之轮》游戏节目。本质上，这个游戏就是猜单词，只是多了一个步骤：你必须转动轮盘，来改变猜对下一个字母获得的奖品。假设你知道答案是"把握现在"（Carpe diem），本轮已经赢得了1 000美元，现在你需要做出决定，要不要再转一次，这样你有机会得到字母C。你要这么做吗？你已经知道了最终答案，但你需要权衡转到"失去一轮机会"或者"破产"的概率和回报，而不是转到奖金的概率和回报。要回答这个问题，就要考虑不同结果出现的可能性。你必须基于概率来思考。

的确，两大经典概率问题都是赌博问题，而且在出现了几个世纪后才得以解决。第一个是点数问题。两位玩家等额投注，并以掷硬币分胜负，他们约定，先得到四次选择的结果（正面或反面）的一方就获胜。但如果三次投掷的结果是两次正面，一次反面，这时游戏被中断，他们必须现在分奖金。那么应该怎么分奖金？显然，选择了正面的人应该多分一些，但是具体应该多分多少呢？

第二个是輗问题。所谓輗问题，就是在赌场中，赌徒押10

美元赌投掷硬币的结果是正面，庄家选反面。赢钱的策略十分简单——每次出现反面，赌徒都会加倍下注，直至出现正面。最终，正面总会出现，赌徒至少能赚到他原来下注的金额，也就是 10 美元。显然，这是必胜策略，理论上每次赌博都应该用它。那为什么不是每个人都这样做呢？如果是你，那么你会这么做吗？想要用这个策略取胜，赌徒必须一直赌下去才行——赌徒如果眼界或资金有限，就有可能输得很惨。

几个世纪以来，赌徒面临很多类似的问题，却始终无法用清晰的逻辑来思考这些问题。为什么？其中部分原因在于，在更简便的数制发明前，在许多先进的文明中，比如希腊文明，都没有工具来全面地分析这些问题。

但更深层次的问题在于，早在梅夫·格里芬发明这档风靡世界的长寿游戏节目前，原始的命运之轮就已经主宰了人类的想象力。本章开头名为《命运之轮》插图的主角是古罗马幸运女神福尔图娜，而不是《命运之轮》节目的主持人瓦娜·怀特。福尔图娜转动的是轮盘，不是字母。福尔图娜旋转的命运之轮，将决定人类面临的是富有还是贫穷。命运之轮的形象贯穿了整个古代和中世纪文明，它暗示着偶然的结果不能被人类推理出来，而是受神力控制。这一点在乔叟和但丁的作品中常有体现——解释各种人物为何命运悲惨。如果偶然的结果是由神力决定的，人又如何能理性地看待偶然的结果呢？

基督教的传播进一步巩固了这样一种观念：神力在操控一切，而且人类无法理解这些神力。然而，随着理性主义的兴起和文艺复兴时期全球贸易的开展，人们开始渴望了解风险承担的含义。此时，旧有的观念开始被打破。商业现在承诺，人们如果能很好地理解风险，就会获得巨大收益。人类坚信有能力理解这个世界，这给他们解决这些问题提供了动力。从前，结果归因于神力干预。如今，结果臣服于分析。

两位先驱数学家布莱瑟·帕斯卡和费马在书信中讨论了先前提到的点数问题。这些书信交流使概率论取得了重大突破。1654年，帕斯卡和费马通过研究各种可能的结果，创建了理解这一问题的工具，从而推导出了当游戏中断时赌注的预期值。他们的书信交流随即引发了概率思维在接下来的两个半世纪中的快速发展。

值得注意的是，概率论的基础性发展使人类在理解偶然性时出现了矫枉过正的倾向。反映神力作用的宿命论被一种新的宿命论，即"自然法则"取代。统计学站稳脚跟之后，人们发现越来越多的现象都服从钟形的正态分布。这就意味着对所有现象（比如人类身高和能力）的观察都符合这种钟形的正态分布，也就是说观察结果大多分布在平均值附近，距离平均值越远的结果出现的概率越小。

这一系列的伟大发现，尤其体现在弗朗西斯·高尔顿发明的奇妙装置——高尔顿钉板中。这个装置类似于简化版的日式弹珠机（你如果去过日本，那么应该会对此有所了解）。在弹珠机中，小球在障碍物组成的迷宫里弹跳，最终触发奖励。这个游戏虽然听起来很简单，但非常容易让人上瘾。

在高尔顿钉板中，许多小球从垂直的木板顶端落下，木板上均匀地镶嵌着木钉，四周以木板为边界。木板下端是许多木栏，可以让小球落入。人们可能认为，小球会随意落入隔栏，最终均匀分布——毕竟，小球在落下的过程中会随机触碰到均匀分布的木钉。

但就像许多其他随机过程的产物一样，高尔顿钉板的结果总是呈现完美的钟形正态分布，大多数小球落在了中间的隔栏里。这种规律太常见，许多有趣的地方都有它的身影，以至于人们深信，所谓偶然事件，不过是幻觉，依旧是服从自然定律的结果。

皮埃尔-西蒙·拉普拉斯，那个时代统计学和概率学的先驱，是深受这一讽刺现象困扰的典型代表：他发明了用于分析随机性的工具，却深信决定论。拉普拉斯在一本关于概率学的巨著开头断言："所有事件，甚至那些看似微不足道、不遵循伟大自然法则的事件，其实都是自然法则的必然结果，就像日月轮回一样必然。"[10] 法则无处不在，掌控一切的是法则，而不是偶然性。

高尔顿是统计学的另一位先驱，也是高尔顿钉板的发明者，他对钟形曲线赞不绝口。对高尔顿来说，没有什么比这曲线所代表的"伟大的宇宙秩序"[11] 更迷人了，希腊人如果当时发现了它，肯定就会将它奉为神明。他深情地描述这条曲线，总结道："它在最混乱的世界中统治万物，无声无息，无影无形……它就是混沌的至上法则。"[12] 神旨被自然法则所替代。偶然性只是我们对事物了解不够所导致的假象——一旦我们明白了自然法则，一切都将一目了然，秩序将随之建立。

虽然人们认为皮尔斯命名了"正态"分布，但他却反对这种分布逻辑。其他人认为自然法则让偶然性变得无关紧要，但在皮尔斯看来，"偶然性在感知中无处不在……它是绝对的……是所有理智认识最明显的体现"。[13]

皮尔斯能够同时持有两个看似矛盾的观点——相信偶然性和随机性无处不在（第一种宿命论的观点，想一想弗利特克拉夫特的经历），也相信体现总体规律性的模式同样存在（第二种宿命论的观点，想一想弗利特克拉夫特变成皮尔士后的经历）。宇宙充满偶然性，其本质上是随机的（随机决定），但模式能帮助我们掌控世界。

显然，高尔顿才华横溢，但他对法则的信仰让他走上了歧途。他成了优生学的创始人，优生学的追随者相信，我们可以提高人类的基因质量，其中一种方式就是强制让那些被认为不合格的人群绝育。这个观点一度盛行，以至于美国最高法院也曾在1927年的巴克诉贝尔案中支持了这种做法。大法官奥利弗·温德尔·霍姆斯在该案的总结陈词中说道："低能儿延续三代就足够了。"高尔顿的雄心是创造"秩序"，消除一切偶然性和所谓"劣等"人群。我们都清楚，这个观念在20世纪造成了多么可怕的灾难。

相反，皮尔斯接受了偶然性和随机性的存在，这使他发现了保险的意义。没错，皮尔斯对世界的理解是：随机性尽管无处不在，但总体上是可以被预测的，这正是保险和现代金融的基石。

金融致力于提供的，就是可以掌控这个充满不确定性世界的工具。风险随处可见，这一点无可否认。我们不应忽视风险，或向它屈服，而是要管理它。购买保险正是我们用来管控生活风险的主要方式。

我的许多学生都涌向金融业，但往往是出于错误的原因。在他们看来，金融业就是由投资人和银行家组成的——他们要么想进投资银行，要么想在对冲基金或私募股权基金等另类资产管理公司工作。所以，当有学生走进我的办公室，告诉我他想走一条少有人选择的路，在实体经济中的企业内部从事金融工作，或者更好的是进入保险业时，我既惊又喜。

进入保险业是逆势而为，因为当下保险业高管的普遍形象就是：无聊、呆板，甚至有些邪恶，因为他们从他人的不幸中获利。但保险业并非总是如此——保险业高管曾经也是英雄，比如弗莱德·麦克莫瑞和爱德华·G.罗宾逊在伟大的黑色电影《双重赔偿》中饰演的角色。但现在，有的只是《土拨鼠之日》中容易被遗忘的、让人恼火的内德·赖尔森，推销一次性缴足保费保险。

有时候，当我向学生讲述当今备受崇拜的资本家沃伦·巴菲特是从保险业起家的故事时，他们会被这个故事深深感动。巴菲特依靠投资保险业的资金，将自己的纺织公司成功转型为投资机构。当然，这得归功于他高超的投资技巧，也就是他通过保险公司以低成本筹措资金的能力。他理解保险的乐趣所在。美国伟人本杰明·富兰克林也是如此，他在殖民地创立了第一家火灾保险公司。所以，在谈及保险时，你如果不屑一顾，那么将会错过什么呢？

和大多数金融创新一样，保险的出现源于旅行风险，尤其是海上航行的风险。在过去，航行所需的资金通常通过贷款获得，但商人或借款人要承担个人责任，例如，如果货物未能到达目的地，他们就可能会被迫成为奴隶。由于航行充满危险，贷款会以船舶抵押合同的形式与保险捆绑在一起。这种安排使得商人无须因货物被盗或在风暴中损坏而赔偿贷款，而贷款方通过收取较高的利率来补偿风险。因此，风暴或海盗造成的货物损失风险得以被分担和定价。那些能够更好地承担这些风险的人（考虑到突如其来的风暴可能导致的后果，你会借贷吗？），也就是金融家，向商人收取承担风险的费用。

商业运输的另一大风险，就是因搁浅而被迫放弃货物以保护船只。《弃货法》诞生于公元前1000年左右，也被叫作《罗得海法》，因东地中海一带的贸易中心罗得岛而得名，沿用至今，不过现在其核心思想被称作"共同海损原则"。这种做法的精神很好地体现在1 000多年前《查士丁尼法典》对这种做法的讨论中："《罗得海法》规定，为减轻船只负载而抛弃的货物，由所有人共享，因此损失也应由所有人共同承担。"[14] 如果船长为了保护其他货物而抛弃了部分货物，未被抛弃货物的所有者补偿被抛弃货物的所有者才算公平。即使在今天，货船也遵循共同海损原则，根据《约克-安特卫普规则》，损失由货物所有人共同承担。

共同海损原则的运用，就是一种风险共担，而这正是保险的本质所在。保险通过共担风险将人们捆绑在一起：我们都是一条船上的人。共同海损原则要求的风险共担是海事法的强制性要求，并非自愿的保险合同。那么，保险合同是何时，又是如何变得更加个人化，并出于自愿签署的呢？

对罗马人来说，他们面临的最大风险就是来世的不幸。而唯一能避免这种情况的，就是办一场体面的葬礼。但他们怎么确保自己的葬礼有人操办呢？买保险！罗马葬礼协会是一个志愿组织，其成员大多是老兵，这样一来，一群信仰相同、社会地位相近的人共担葬礼费用，保证自己死后有场体面的葬礼，从而，灵魂得到救赎。

事实上，"担保"（assurance）这个词将保险和救赎联系在一起，因为在不同领域里，它都涵盖了这两层意思。它既是保险的同义词，也表示基督教教义中的得救的确据。救赎是终极的保险赔付，这个概念是另一个著名的概率学谜题的基础。概率学先驱布莱瑟·帕斯卡提出了著名的"帕斯卡赌注"，认为即使神存在的概率微乎其微，信仰上帝仍是值得的。实际上，帕斯卡问道："冒着在地狱中永受惩罚的风险而不信仰上帝，真的值得吗？"

罗马葬礼协会代表了主导保险行业直至20世纪初的组织形态——为成员提供保险的兄弟会式的自发组织。考虑一下秘密共济会会员独立会（Independent Order of Odd Fellows）。是的，其会员自称为"怪人"（odd fellows），这个名字很可能源自他们从事的"奇怪"行业。19世纪和20世纪之交，这个兄弟会在北美有200多万名成员和16 000多个地方分支机构，它还是伤残保险的主要提供者，这些保险弥补了工业时代工人因日益危险的工作环境所遭受的收入损失。

风险分担是人类的本能，因为有些风险是大多数人无法独自承担的。例如，如果我不能挣钱养家，那么我的家人将如何生存？保险业的重要性可以从它替代的行业中看出来。一些学者认为，巫术的减少要归功于保险业的兴起。历史学家艾伦·麦克法兰称，"对女巫进行惩罚不仅是为了惩罚其过去的罪行……也是摆脱巫术影响的先决条件，是预防未来灾难的保险手段"。[15]历史学家欧文·戴维斯表示，保险业的兴起，"不仅缩小了不幸事件的范围，缓和了它的影响，而且人们也开始将这些不幸归咎于社会福利机制的失败"。[16]如果另一种选择是宣称你的邻居是巫婆，然后将她淹死，那么抱怨保险公司拒绝你的索赔也就不算很糟糕了。

即使保险能够满足人类的基本需求，并且可以实现多人共同分担风险，我们仍然面临一个真正的难题——人们该为此支付多少钱？罗马葬礼协会或者秘密共济会会员独立会的会费应该是多少？其实，这才是使事情复杂化的原因，也是需要高尔顿钉板和正态分布帮助的地方。由于随机性的存在，我们无法预测个体的具体结果，但我们可以预测总体的结果，因为正态分布无处不在且结果可靠。事实上，这正是保险业赖以生存的逻辑。通过历史数据计算总体平均值，我们可以推算出概率和保费，正如皮尔斯在他的哈佛系列讲座中讲述的一样。

但这种纯粹的统计方法漏掉了一个关键问题：在你提供保险

合同时，你并不了解买主的全部信息。这一问题的后果非常严重，事实上，这甚至对法国大革命的爆发产生了关键且被低估的影响。路易十六和他的财政大臣忽略了这个问题，计算出了一个错得十分离谱的保险费用，最终为此付出了惨痛的代价。

在法国大革命前的旧制度中，一个重大错误是为担心寿命太长的人提供保险。为寿命太长买保险听起来有些奇怪，但纵观历史，人们更担心寿命太长，而不是英年早逝。这是因为如果人们的寿命太长，那么人们的积蓄可能不够花，最终在贫困中死去——想想皮尔斯的经历。这种风险，即长寿的风险，可以通过将你现在的财富"年金化"来解决。年金是一种合同：你投资一大笔钱，保险公司每年向你支付一笔固定金额的费用，直到你去世。这是一个保证你生前一直有收入的有效方式。

事实上，这些年金合同是英、法两国 18 世纪这一重要时期公共财政的主导形式。它们之所以起效，是因为出现了出生和死亡记录。的确，正态曲线最早的一些表现形式大多与死亡相关。我们如果提前知道平均而言不同年龄段的人何时死亡，就能确保我们制定的年金费用规则可行。每一个年龄段的人，都将根据其不同的寿命预期，获得不同的年金。

18 世纪，英、法两国不断交战，两国不得不为战争（包括那场昂贵的七年战争）投入大量资金。事实上，两国都陷入了某种军备竞赛，其军事开支日益上涨。18 世纪前，两国就有过以各种方式违背公共义务的不良记录。英国借光荣革命进行了体制改革，创建了公共财政体系，确保支出由税收收入承担，这是平

第一章 命运之轮　　019

衡预算系统的雏形。

相比之下，这时期法国的财政状况依然混乱，开始越来越依赖向民众提供年金保险解决困境。令人震惊的是，因为迫切需要融资，他们甚至决定让所有年龄段的人都能获得同样金额的年金。无论是5岁的孩子还是80岁的老人，只要活着，法国政府就会向其支付年金。年金的支付设定是基于典型的投资者会感兴趣的模式，因此，平均而言，统一的年金利率是可行的。

这段历史为说明保险为何如此复杂提供了一个原因：残酷的逆向选择。猜猜最后谁买了年金为法国政府融资？不出所料，老年人并不买账，反倒是年轻人蜂拥而上——后者恰恰是对法国政府来说养老成本最高的人。

事情不止于此。金融工程师给全世界制造混乱的最早例证，可能是一群瑞士银行家代表一群5岁女孩购买了年金（这些女孩来自长寿的家族）。之后，他们又允许人们投资这些年金的投资组合，这可能是世界上最早的证券化案例。到法国大革命爆发时，这些年金已经成了政府主要的资金来源，而其中大多数年金受益者都还不到15岁。

这些债务引发了一场财政危机，危机最终演化成了对公众广泛持有的其他债务的违约。由此引发的不满反过来又导致了法国大革命的爆发。18世纪90年代，财政大臣对此进行了事后分析，谴责了旧制度的愚蠢做法和这些年金支付制度的不公平，对像瑞士银行家这些能理解其中商机的人来说，这些年金看起来就像天上掉下的馅饼。值得一提的是，其中一笔可传承给买方后代、特别慷慨的年金至今仍在偿付期内。为此，法国政府每年仍有一笔1.20欧元的预算款项，用于支付1738年发行的这款"红雀年金"的年息，可以说，法国大革命至今仍在对我们的生活产生影响。

事实上，即使当时法国政府根据年龄设定了不同的年金利率（这显然是他们应该做的），逆向选择问题也仍然存在。那些认为自己健康状况良好、能够活得比预期寿命长的人会购买这些年金，而那些知道自己有健康问题、可能寿命不长的人不会购买。事实上，经济学家艾米·芬克尔斯坦和詹姆斯·波特巴发现英国庞大的年金市场同样显示出这种趋势：购买年金的人普遍比不购买的人的寿命更长。这表明在设定年金利率时，需要考虑到那些因了解自身健康状况而购买年金的人的比例，这并不是一件容易的事情。

逆向选择问题，即无法确定购买保险的人是保险提供者期望的购买者，只是保险面临的两大问题之一。18世纪问题重重的法国公共财政体系是另一大问题的例证。

令事情更有意思的是，法国政府还允许个人组团购买年金保险，团队成员每死亡一个，其他所有人的年金都将增加。政府每年向该团队支付定额年金，直到最后一个成员去世，而且随着团队中的成员陆续离世，活着的成员拿到的年金就越来越多。所以，活到最后的成员拿到的年金数额往往极其巨大。这个年金计划就是所谓"唐提式保险"。

事实上，这个年金计划还有一个额外的好处，也就是你的寿命越长，你拿得越多。它对政府也有益，因为预测最后一个人死亡的时间，比预测人的平均寿命更容易。唐提式金融工具在19世纪和20世纪之交的美国与欧洲十分盛行。纽约证券交易所的原址就在唐提咖啡馆旁边，而建造唐提咖啡馆的资金来源于唐提式保险的融资。学者估计，20世纪初期，美国有900万份唐提式保单，其对应资产规模接近当时国民财富的8%。

唐提式保险会带来哪些问题呢？如果你的保险金额度取决于别人的死亡，那么对此你会作何感想？这个问题，可以从动画片《辛普森一家》中获得答案。如果你是伯恩斯先生，那个拥有核电站的反派，你就会想尽办法除掉那些与你一同购买唐提式保险的人，包括巴特的祖父。

《辛普森一家》的情节很好地说明了保险的存在导致了参保人改变行为，这就是所谓道德风险的表现。这个例子不算完美，因为在一般情况下，被保险人不会为了保险杀人，而是会为了保险冒更大的风险。保险，或者其他各种安全保障，都会让人冒更大的风险，所以承保人就应该在定价时将这种行为反应也考虑进来。类似的例子还有很多，比如经典黑色电影《双重赔偿》中芭芭拉·斯坦威克所饰演的角色的行为就存在严重的道德风险。

鉴于逆向选择和道德风险的重要影响，应该采用什么机制来最有效地应对它们呢？国家强制险和雇主责任险的目的就是确保人们不会为一己私利有选择地投保。同样地，免赔额的设定也是为了避免个人因为参保而过度使用医疗服务。但是，什么样的组织最适合进行风险分担，并能化解道德风险和逆向选择的影响呢？这个组织应该强制成员资格，这样可以避免逆向选择的问题。此外，在这样的组织中，成员可以监督彼此的行为，以确保自己不会遭受道德风险的不利影响。

当然，这个组织就是家庭。你无法选择自己的家庭，这就解决了逆向选择问题。此外，家庭成员之间的亲密关系确保了其不会改变行为以从保险中获益。事实上，千百年来，家庭一直都是最重要的保险来源。多项研究表明，一个家庭或数代同堂的家庭内部会提供各种保险，尤其是在发展中国家。一个典型的例子就是，金融危机后"家庭形成"速度的变化。我们可以看到金融危机后新家庭数量的大幅下降，因为许多年轻人选择搬回家与父母同住。正如罗伯特·弗罗斯特所说："无论何时何地，家永远是向游子敞开大门的地方。"

但这并不意味着家庭就是提供保险的理想组织。家庭的规模和复杂性限制了风险分担的好处。一个表明家庭并非最佳保险提供者的迹象是，在国家提供养老金之后，独居老人的数量激增。美国南北战争时期的联邦军队退伍老兵是首批获得优厚养老金的美国人。经济学家多拉·科斯塔的研究表明，这批老兵与子女分开居住的比例，要比当时普通老人高很多，这说明，家庭保险可能并不符合每个人的利益。养老金为老年人的生活方式提供了选择，许多老人认为，家庭式养老金不如政府养老金。有时，距离产生美。

理解风险无处不在以及保险的本质，如何能帮助我们理解这个世界呢？要回答这个问题，还得回到皮尔斯身上。为什么皮尔斯这位杰出的文艺复兴式大师，一个能够同时接受偶然性和正态分布规律性的人，会得出"我们每个人都是一家保险公司"这一结论呢？

在皮尔斯看来，如果"偶然性能从每一个感观通道自然涌入"[17]，我们自然就会得出"一切人类事务都取决于概率，且这种现象无处不在的结论"。[18] 所以皮尔斯教会我们的第一个道理，就是要接受偶然性。这也引导皮尔斯得出了他最伟大的发现。他在试验中使用了一副扑克牌，以确保受试者是随机分配的，这样结果就不会带有任何偏见，也更加可信。这是第一次在科学试验中应用随机性的例子，随机试验如今已成为知识探索的必要工具。皮尔斯没有否定偶然性的存在，相反，他懂得接受无处不在的风险是一种强大的思维方式。实际上，它可以成为智慧的基石。

当你接受了偶然性后，你接下来的任务就是理解这个世界，寻找能够指导你行为的固定模式。这就涉及概率了，因为概率是真正理解世界的唯一途径——没有绝对的必然性，我们应从概率的角度看待世界。如果我们想了解事情发生的概率有多大，以及世界是如何运转的，唯一的办法就是通过经验来计算这些概率，就像保险公司一样。保险公司与人群打交道的经验越多，它们对概率的理解就越深刻，其生意也就越成功。这就是为什么说，我们每个人都是一家保险公司，经验是了解如何发展壮大的关键。

皮尔斯对保险的重视是他的实用主义哲学思想的自然延伸。实用主义是臆想的反面，实用主义相信，能够指导行动的真理才是有价值的，而符合真理的行动才具有真正的意义。皮尔斯经常使用统计学术语"抽样"来谈论经验。只有对宇宙万物进行抽样，我们才能学到有价值的东西。我们应该尽可能多地积累经验，就像保险公司必须积累经验一样，这样才能做出正确的决定，并以正确的概率理解这个世界中的事物。的确，关键在于把握现在。

最后，皮尔斯将经验的重要性在逻辑上推至极限。如果自身的经验是理解世界最重要的工具，那么我们该如何与他人交往呢？在一个伟大的转折中，皮尔斯基于对鞅问题需要无限长远的眼光和保险公司如何对保单定价的讨论，提出了有关道德生活的论点——本质上是因为我们的生命有限：

> 死亡使我们一生面对的风险和能得出的结论的数量变得有限，因此它们中和之后的结果才会存在不确定性。因为概率和推理的前提都假设这一数量是无限的，所以我们再次陷入与以前相同的困境。而我能想到的解决办法是……正因生命有限，我们在逻辑上更应该保证利益的多样性，不仅应关注自身命运，还应关心整个社会的命运。而且，这里的"整个社会"不应被各种边界所束缚，应包括所有在思想层面与我们产生直接或间接联系的所有种族。无论多么模糊，整个社会都应该超越地域限制和其他一切界限。这种逻辑源于社会准则。要符合这个逻辑，人类就不能自私。[19]

如果我们自身所能经历的体验本质上是有限的,要理解这个世界,我们就应该拥抱他人的经验,并为他人谋福祉。与社会达尔文主义的观点相反,皮尔斯认为,保险和抽样的逻辑必然要求我们践行"圣保罗所推崇的慈善、信仰和希望三大美德"。[20] 融合他人的经验,个体才能更好地理解这个世界,这是积累经验所必需的。对皮尔斯来说,保险教给我们,经验与共鸣是我们对抗世界的混乱的关键。

华莱士·史蒂文斯被评论家彼得·施杰尔达誉为"20世纪美国最伟大的诗人"[21],但史蒂文斯对大部分哲学并不感兴趣。1944年,他发表了一篇论述诗歌优于哲学的文章,一位朋友因此批评他没有读到有共鸣的哲学观点。史蒂文斯回答说,"大多数现代哲学家都太过学术"[22],但他补充道,有一位例外,"我对皮尔斯一直很有兴趣"。许多评论家都注意到皮尔斯与史蒂文斯在思想上的深刻联系,但有一点更值得一提:史蒂文斯甚至比皮尔斯更喜欢保险。即使他在诗歌上的成就已经让他没必要再工作,他还是当了一辈子保险公司的高管。

史蒂文斯拒绝了担任哈佛大学"查尔斯·艾略特·诺顿诗歌讲席教授"的邀请,而是致力于处理哈特福德事故保险公司的保险索赔,决定是应该庭外和解还是应该提起诉讼。同为诗人的约翰·贝里曼在写给史蒂文斯的挽歌中,戏称他是"精算师中古怪的金融人士"。[23] 那么,史蒂文斯在保险中到底看到了什么呢?正如我们所见,保险通过利用模式和创造风险共担机制,试图理解和管理人类经历中的混乱。对史蒂文斯来说,诗歌也有同样的目标：解决这个世界的混乱。

在诗集《秩序观念》的自序中，史蒂文斯将该卷诗评为"纯粹的诗"，旨在探讨"个人在面对既定观念的消亡时，对普遍秩序感的依赖"。[24] 除了关注 20 世纪前 30 年的巨变（如第一次世界大战和大萧条），史蒂文斯对自然和人类思想中的混乱也十分敏感。

在诗歌《基围斯特的秩序观》中，史蒂文斯用内心的渴望结尾："啊！请看秩序的激昂。"史蒂文斯的传记作者保罗·马里亚尼将这首诗描述为"对能对抗侵占一切混乱的武器的呼唤，对不止能对抗外在的，还包括更可怕的内心的混乱的武器的呼唤，渴求这种虚构之物的幻想让我们能够走下去"。[25] 在这首诗中，史蒂文斯将"大海的黑暗之声"和"水与风无意义的怒吼"与一位歌者"超越海洋之灵的歌声"做比较，他的意思是艺术——小说、音乐、诗歌——是在混乱世界中生存的唯一途径。

诗歌对史蒂文斯来说至关重要，因为它展示了想象力如何帮助我们理解周围的混乱。在《想象作为价值》一文中，史蒂文斯强烈反驳了帕斯卡提出的"想象是人类体内欺骗性的原素，是错误与虚假的主宰"的观点。相反，史蒂文斯提出"想象力是人唯一的天赋"[26] 和"通往现实的唯一线索"[27]。想象力为何如此重要？对史蒂文斯来说，"想象力是一种超越事物可能性的心智力量"[28]，是"让人能够在异常中感知正常，在混乱中寻找秩序的力量"[29]。史蒂文斯的话听起来几乎像是正态分布的早期发现者之一会说的话。

从异常中感知正常，正是保险建立的基础，也是帮助我们在世界的混乱中寻找秩序的工具。皮尔斯也明白，想象力与科学和理性一样，是应对偶然性与混乱的有力工具。与帕斯卡的超理性主义相反，皮尔斯和史蒂文斯一样，看到了想象力的价值，并得出结论，"诗人，或者小说家的工作，其实与科学家没什么不同"。[30]

　　对皮尔斯、史蒂文斯来说，像哈米特笔下的弗利特克拉夫特的故事所暗示的那样，生活的根本问题是直面无序和混乱，理解它们，不否认它们，并努力与之共处。对于皮尔斯而言，保险是解释这一切、描述如何处理这一切的核心隐喻——通过经验、实用主义和共情。对史蒂文斯这位毕生致力于保险索赔谈判，放弃了全身心地投入诗歌创作的人来说，想象力是应对无处不在的混乱并寻找其中隐藏的秩序的核心工具。难怪史蒂文斯会得出结论："诗歌与担保索赔并非表面看上去那样不能结合。"[31]

第二章

风险交易

如果说，不负责任的法国公共财政计划在《辛普森一家》中有所体现，那么哪些图书涉及英国政府的融资工具呢？事实上，这些联系在19世纪的英国文学中屡见不鲜。众所周知，简·奥斯汀的《傲慢与偏见》开头的名句是："饶有家资的单身男子必定要娶妻室，这是举世公认的真情实理。"[1]而要衡量他的财产充足与否，大众一般看其年收入和持有的证券。这些收入通常来自对英国政府债券的投资。这种证券被称作"百分之三债券"或"百分之五债券"，这些永久债券又被称为"统一公债"。与年金或唐提式保险不同，它们永久存续，不会因受益人死亡而终止，能为一个延续数代的家庭提供稳定的保障。

在19世纪的英国文学作品中,婚姻市场上年轻女性面临的问题是进行风险管理,而男方的年收入是否充足是其中的关键因素。小说中女主人公及其家人的当务之急,是权衡追求者们的经济能力和联姻的风险。在《傲慢与偏见》中,柯林斯先生向女主角伊丽莎白·贝内特求婚。在那场史上最令人尴尬的求婚中,柯林斯先生让伊丽莎白跟自己携手,还发表了一番无可救药的自恋之词。尽管伊丽莎白提出了抗议,但柯林斯先生并未放弃。在求婚时,他不但没有赞扬、讨好伊丽莎白,反而表示,考虑到伊丽莎白自身面临的风险,她必须接受自己的求婚。

在柯林斯先生再次阐明自己值得伊丽莎白托付终身之后,柯林斯先生总结道:"你还得进一步考虑一下,尽管你有许多吸引人的地方,可这并不能保证你还能再得到其他男子的求婚。你的嫁妆少得可怜,这很可能会抵消你的活泼可爱。因此,我不得不断定,你并不是真心拒绝我,我看你是在仿效优雅女性的惯用伎俩,欲擒故纵,想要博得我的青睐。"[2]

总之他的意思是,你的嫁妆不多,要么嫁给我,否则你便会明白,自己终将一无所有。伊丽莎白的母亲则警告,你不会犯傻吧?"如果你继续揣着这种念头,像这样拒绝所有的求婚,那么你不会找到丈夫的。我能肯定,等你父亲过世之后没人能照顾你。我警告你,我可无法维持你的生活。"[3]妹妹玛丽则提醒伊丽莎白,女人在婚姻市场中面临的风险是巨大的,因为"一失足成千古恨"。[4]在征得父亲的同意之后,伊丽莎白果断地拒绝了柯林斯先生。伊丽莎白想要继续碰碰自己的运气。

依靠类似的逻辑，柯林斯先生次日便赢得了夏洛特·卢卡斯的芳心。她是伊丽莎白的好友，不喜欢冒险。夏洛特似乎同柯林斯先生的实用主义更合拍。她断定，"婚姻幸福完全是概率问题"[5]，因此在寻找合适的配偶这件事上，情投意合没什么用处。她还断言："你要知道，我并不浪漫，也从不浪漫。我只想要一个舒适的家庭。考虑到柯林斯先生的性格、社会关系和身份地位，我觉得跟他结婚能够获得幸福，且幸福程度并不亚于一般人结婚后所夸耀的那种幸福。"[6] 简言之，在她看来，考虑到她能承受的风险和婚姻的收益，这是一桩划算的买卖。面对婚姻市场的风险，夏洛特放弃了进一步冒险，选择了安逸。伊丽莎白则选择为了浪漫爱情继续冒险。

伊丽莎白和夏洛特在寻找配偶上面临的风险管理问题，跟我们在很多场合面临的权衡是相似的。继续深造"值得"吗？教育的回报能否弥补专业化和负债带来的风险？把人力资本投入一家新公司，冒着它在接下来一年破产的风险值得吗？是该继续寻找理想的工作，还是接受已有的工作机会？这些问题都蕴含对风险和回报的权衡。面临不确定的未来，在一系列选择中，你需要思考如何将时间、精力和资源进行分配。这种分配问题，正是金融的核心问题。

如我们所见，保险是一种有力的工具，能够帮人们管控死亡、过长的寿命或天灾的风险。然而我们在劳动力市场和婚姻市场中面临的风险呢？不存在针对这些风险的保险。幸运的是，金融对保险的逻辑进行了调整，创造出了当今两种最重要的风险管理工具——期权和分散投资。这些风险管理策略看起来高深莫测且毫无关联。不过幸运的是，在安东尼·特罗洛普的作品《芬尼斯·芬恩》中，深思熟虑的维奥莱特·埃芬厄姆为我们指引了在婚姻市场中处理风险管理问题的方向。她在现代金融将期权和分散投资这两种策略正式化之前，就已经熟练运用了这些方法。这两项金融工具的开创者都是同一个人——一位默默无闻的法国数学家。尽管他解决了由英国植物学家提出的一个问题，却从未因此得到应有的尊重。

如果你曾经停下来思考，为何灰尘在阳光的照耀下看起来像悬浮在空中一样，你就和1827年的植物学家罗伯特·布朗有相同的疑惑。他观察到当花粉在水中释放颗粒时，这些颗粒的移动似乎是随机的。它们为什么移动？又是如何移动的？烟灰颗粒同样会随机移动，这清楚地表明花粉颗粒并非自主运动的。

后来的知识发展历程是这样的：1905年是爱因斯坦的奇迹之年，这一年他实现了四项重大突破。爱因斯坦首次解释了所谓的布朗运动的机制。他证明，许多看似连续的运动过程（如灰尘或花粉颗粒的运动）事实上是许多离散粒子运动的产物。换言之，由于花粉颗粒对随机碰撞的微小水分子产生了反应，花粉颗粒才会连续运动。通过证明原子的存在，这一基本思想改变了物理学。它也为依靠数学方法描述各种看似随机的过程提供了启发，最终使得量子力学得以崛起。

金融学和经济学，总是羡慕物理学的严谨和名气，借鉴了这些成果并开始仿效物理学,从而走进了一条死胡同。这说明金融学迷失了方向,它将准确性和模型置于现实之上,试图用物理学和量子力学描述固有的社会现象。

金融的兴起遭到了一些人的不满,对这些人来说,上述说法更容易被接受。然而这种关于知识发展史的说法是失真的。事实上,巴黎的一位博士生路易·巴舍利耶先发制人,他比阿尔伯特·爱因斯坦提早5年解决了谜团。他研究的不是粒子的运动,而是股价的动态,并用数学运算来描述这些运动,包括罗伯特·布朗观察到的花粉颗粒运动。他是如何做到的呢?他意识到,他可以将高尔顿钉板揭示的神奇分布推广到其他情境,在这些情境中,结果不再仅仅是小球的落点,而是整个运动的过程,这种过程是大量分子运动的结果,就好像它们在穿过高尔顿钉板一样。更奇妙的是,巴舍利耶的关于股票价格的数据非常符合这一数学模型。使用股票市场数据进行研究当时是被人轻视的,尽管巴舍利耶取得了突破,但他并未获得应有的认可。事实上,一些著名数学家错误地声称他的研究有误,这导致巴舍利耶在法国学术界被边缘化,直到去世都寂寂无闻。

因此,认为金融学作为一门研究市场和内在社会现象的学科,模仿物理学这门"硬"科学去追求精确性,便是迷失了方向,这种观点是完全错误的。相反,正如哲学家兼历史学家吉姆·霍尔特所言:"这才是正确的顺序,有人先提出理论来解释神秘的社会机构(巴黎证券交易所),再用这一理论来解开物理学中级谜团(布朗运动)。最后,这一理论解开了物理学更深层的谜团(量子行为）。显然，市场的怪异之处解释了量子的奇异之处，而不是相反。可以这样设想，如果艾萨克·牛顿就职于高盛集团，而不是坐在苹果树下，他就会发现海森伯不确定性原理。"[7]

巴舍利耶的发现不仅是对传统观念有趣的反转，还与两个最重要的风险管控策略（制定期权合约和分散投资）相关。巴舍利耶用数学方法将股票价格的波动描述为"随机游走"，这为他对当时在巴黎交易的期权合约粗略地定价奠定了基础，而这些期权合约自17世纪以来就在阿姆斯特丹交易。巴舍利耶这个理论当时几近无人问津。迈伦·斯科尔斯和罗伯特·默顿以巴舍利耶的逻辑为基础，并对其定价方法做了大幅改进，提出了新的期权定价公式，凭借这一贡献于1997年赢得诺贝尔奖。而巴舍利耶用来描述股价的随机游走算法，最终催生了投资组合理论。他认为，试图击败市场是不可能的，最佳方案就是持有多元化的投资组合。

也许像在上一章那样嘲弄法国金融史是不对的。与英国金融体系相比，法国公共财政计划本质上诚然是不稳定、不实际的，但是我们仍要感谢法国金融市场，它的那段历史让人们开始有了对风险管控的现代认知。就连更为稳定体系的发明者英国人，似乎也对此表示认可。英国皇家徽章上的那句法文"Honi soit qui mal y pense"，意思正是"心怀邪念者可耻"。

在《芬尼斯·芬恩》中，像伊丽莎白·贝内特这样的女主人公面临的风险管控问题，被维奥莱特·埃芬厄姆捕捉得很到位。当维奥莱特权衡自己面对追求者所承担的风险时，她得出这样的结论："孩童与男性无须小心谨慎。让他们随心所欲，他们可以从头再来。想摔跤就摔跤，他们能再次站起来。然而女性必须小心谨慎。"[8]维奥莱特明确表示，女性必须更为谨慎地进行风险管控，因为其失败的后果严重得多。幸运的是，维奥莱特也知道如何管控那种风险。

维奥莱特摒弃了等待"真命天子"的想法。"对我来说，我无法像别的女孩那样坠入爱河。或许我会喜欢上某个人，确实我也有那么几个喜欢的男人……然而，要让我把注意力全部放在他们中的任何一位身上，专一地爱他，甚至想要嫁给他，让他归我所有，这样的爱，我没有体会过。"[9]所以，维奥莱特如何择偶呢？对她而言，这相当简单。在适当的时候，她只需在竞争的备选者中做出选择。"在我确实打定主意结婚之后，我会选择第一个出现的人……毕竟，丈夫跟房子或者马匹很像。你挑的房子并不一定是世上最好的，而是恰好符合你的需要的。你去看房，如果房子很差，你就不会接受它。但如果你觉得合适，而且已经厌倦了四处看房，你就肯定会接受它。买马，嫁人，都是如此。"[10]

把婚姻看作追求浪漫，去寻找"真命天子"，对维奥莱特而言是非常冒险的策略。相反，正确的策略是保证自己想要结婚时，有几个不错的候选人。她也是那样做的，在有了几个追求者并准备好要结婚的时候，她做出了选择——跟奇尔特恩勋爵结婚。

用金融术语来说，这就相当于创建一个期权组合，并在合适的时机选择一种资产进行投资。有了期权组合，你就可以等待投

第二章 风险交易

资时机，并观察这些资产的涨跌情况——这样远比贸然投资一种资产，或一直期盼"合适"的资产出现更为可取。

金融界人士喜欢期权所代表的自由和机会，并且喜欢用类似的术语来描述他们生活的许多方面。比如通过接受教育，他们增加了"期权价值"，因为更高的学位和更多的人脉意味着更多选择。然而期权的含义到底是什么，人们又该如何使用它呢？希腊哲学之父、17世纪的荷兰金融市场以及联邦快递背后的企业家都能为我们理解这个问题提供绝佳的指导。

自我认知，是维奥莱特深思熟虑后进行选择的先决条件，这与期权的原理不谋而合。出生于米利都的泰勒斯，被亚里士多德称为希腊哲学之父。他被认为可能是最早提出"认识你自己"这句名言的哲学家之一，他还是第一笔期权交易的创造者。泰勒斯开创性地运用自然而非超自然的方式去解释现象，倡导假设驱动式思维方式，甚至还使用最原始的仪器成功预测了日食，并因此得以作为唯一一位哲学家，跻身希腊七贤。

尽管泰勒斯成就非凡，但他仍然需要证明自己。亚里士多德认为，由于一贫如洗，泰勒斯被"嘲讽为哲学无用性的体现"。[11]为了改变这种印象，泰勒斯决定利用自己的天文知识预测橄榄丰收。"他筹集了一小笔钱用作押金，来租借米利都和希俄斯所有的榨油机。由于无人竞价，租金非常低廉。到了橄榄收获的季节，对榨油机的需求骤增。这时他乘机提价后租出榨油机，于是大赚了一笔。"[12] 亚里士多德从这个故事中得到的启示，也反映了世界各地哲学家和学者得意扬扬的情绪。泰勒斯证明了，"如果哲学家愿意，那么他们很容易变得富有，但挣钱并不是他们所关心的"。[13]

泰勒斯的交易如何反映期权的本质呢？泰勒斯先期支付押金确保了租借榨油机的权利，而非义务。这种交易体现了期权交易的本质——预付一小笔钱来保障交易权利，而不是强迫某人做某事，从而向他们提供未来可能需要，但并不一定需要的资源。比如股票期权，就是现在交付一小笔期权费，让人们能够在未来某个时间点以预定价购入股票。

期权，现在时常被视作一种深奥的金融构造。但同任何金融交易工具一样，期权的历史悠久。17世纪晚期，金融工具刚开始在阿姆斯特丹真正进行交易时，期权就是其中的主要金融工具。约瑟夫·德拉维加在《乱中之乱：股市三人谈》中强调了期权的重要性。在这段哲学家与股东的对话中，哲学家对进入金融市场饶有兴趣，但考虑到自己没有钱，而且也"没有人愿意借钱给我"，他无法参与。[14]股东让他放宽心，并向他介绍了"期权"，说购买期权"风险有限，收益却超预期"。[15]在详细解释如何在荷兰东印度公司获得买入看涨期权和卖出看跌期权的权利时，德拉维加声称这些金融工具既是"顺风时快乐航行的船帆"，也是"暴风雨中的安全锚"。[16]

期权购入的是一种权利，而非资产本身。于是期权就创造了不对称性，一方面允许投机（"顺风时快乐航行的船帆"），另一方面又能管控风险（"暴风雨中的安全锚"）。由于期权是权利而非义务，如果资产价格下跌，那么你不必购买，却能够享受价格上涨的可能性。这种特性使其成为一种强有力的投机工具。同时，拥有买卖资产的权利意味着即使在行情差的时候也能够获得最低限度的回报，所以它可以充当有效的保险。想想买面包机时附带的保修单，你实际上获得了一种权利，能够在买到有瑕疵的面包机时将其退还给厂家。

在某种程度上，金融界人士喜欢期权的原因在于这种回报的不对称性。损失有限而收益无限。而创造类似购买期权的体验，比如教育经历，其价值正体现在回报的不对称性上。损失明确而收益又没有上限，谁能知道这种可能性会带来什么结果？早在1688年，德拉维加强调的正是期权（option）的这一优点，他将"opsies"的词源追溯到拉丁语中的"optio"，意为"选择"，而后进一步追溯到"optare"，意为"愿望"。确实，这种"祈愿语气"是希腊语中表达愿望的形式，现今已不再被使用。购入期权让我们祈求结果，并想象可能的和可实现的结果。选择和探索可能性的欲望正是拉尔夫·沃尔多·爱默生所谓的美国"愿景"。选择是给那些对自己期望达成的结果心怀希望的人准备的。

期权最与众不同之处在于其不对称性。风险越高，期权的价值反而越高。由于你的损失小而收益高，极端结果更受欢迎。换言之，由于期权具有保险属性，当人生的不确定性增大时，期权的价值会随之提升。

这就意味着，你如果持有期权，就会想冒更大的风险。因此，持有期权的真正回报来自它所带来的冒险机会。在你突然意识到自己持有期权时，这一点表现得尤为明显。全球物流公司联邦快递创立之初的故事，便体现了持有期权和冒险之间的关系。公司初创之时，首席执行官弗雷德·史密斯竭尽全力说服供应商、投资人和客户相信特快专递的好处。一个周五，由于一笔24 000美元的账单还没支付，燃料供应商威胁要切断燃料供应，这样就会断送这家刚起步的公司的发展。而史密斯的账户中只有5 000美元，他怎么处理呢？

作为公司所有者，史密斯意识到，如果公司破产，他就将血本无归，但如果公司再撑一天，他就有翻身的机会。这听起来很像期权——亏少盈多，损益不对称。你如果持有期权，那么会怎么做？你会去寻求波动性和风险。而哪里可以获得这些呢？时至今日，联邦快递依旧还在，就是因为史密斯前往拉斯维加斯，在赌桌上将5 000美元变成了32 000美元。当有人问起这么做的巨大风险时，史密斯简单地说："有什么区别呢？没有付给燃料公司的资金，公司无论如何都会面临失败。"[17] 作为期权持有人，史密斯自然而然地选择了承担巨大的风险：赢，就大赚一笔；输，也没什么大不了。公司所有者只有在濒临破产的时候才有这样的动机，否则他们就要承担损失和收益。

当然，这里有很有趣的伦理问题。他的赌资属于欠款，所以史密斯在拉斯维加斯赌博所用的本金，事实上是挪用的供应商的资金。但这也情有可原，所有濒临破产的公司的所有者都会有这种动机。陷入财务困境的公司的所有者此时就像期权持有人，反正是输少赢多，那为什么不去拉斯维加斯拼死一搏呢？

这个小故事清楚地表明，创建期权，并把期权加入你的投资组合，可以让你承担风险，甚至鼓励你承担更大的风险。所以金融界人士才喜欢期权，并认为这些盈亏可能性不对称的赌注会使自己的生活变得更美好。购得期权能够帮助你评估超出你现有能力的一系列结果，承担更大的风险，同时在你遭遇失败的时候为你提供保障。

金融界人士非常喜欢期权，他们总是过度学习与期权价值相关的内容。他们沉迷于"可选择性"，痴迷于创造和保留选择机会。例如，我的学生经常描述他们为实现职业目标所走过的迂回道路，所有这些都是为了在此过程中创造选择的机会，以便在出现意外时有选择。对这些学生而言，获得选择权是习以为常的，而选择行为本身变得困难重重。因为做出选择意味着失去其他选择。

我的一些学生最终留在公司，通常是咨询公司或投资银行。起初他们打算把这些地方当作职业跳板，以此创造更多选择，实现他们实际的创业、社交或政治目标。最后他们多半告诉自己："为什么不再待一年，为以后的道路创造更多选择呢？"这种事我屡见不鲜。期权的存在本该让人去做更多冒险的事情，最终却成了冒险的阻碍。

做出任何选择都不可避免地要面对因不得不放弃其他选择所带来的机会损失。这些额外的损失，让人做出各种承诺时进退维谷。金融界人士提到婚姻，总称之为选择权的丧失。言下之意，结婚本质上意味着失去，而非新生活的开始。结婚意味着失去了未来选择的可能性。因此，专注于创造选择、保留选择，反而可能令人陷入难以抉择的困境。或者说，那些沉迷于创造选择多样性但缺乏决断力的人，往往会因为纠结限制自己的选择。

因此，在下面两个广受称赞的金融故事中，两位标志性人物面临选择的困境，也就不足为奇了。赫尔曼·梅尔维尔的《书记员巴特尔比》被公认为最伟大的美国小说之一，但其副标题"华尔街的故事"却经常被略而不提。在这个短篇小说中，一名华尔街律师讲述了他与他雇用的书记员之间复杂的互动。金融分析师和律师深知华尔街的工作单调乏味，对他们来说这个故事耳熟能详。弗兰茨·卡夫卡的本职工作是保险公司职员，即使是以描写荒诞和压抑著称的他，也无法想象出比在金融业工作更为阴郁黯淡的情景。但《书记员巴特尔比》也是一个关于"无为"的故事，一个对生活的诸多选择既不接受也不拒绝的故事。

书记员巴特尔比一开始勤劳肯干，但后来变得难以捉摸。当被安排干活儿的时候，他说出了美国文学中最神秘的那句话"我宁愿不"。某天巴特尔比被安排校对自己抄写的文书的工作，他只回答了一句："我宁愿不。"[18]老板问他是不是在拒绝，他又重复一遍"我宁愿不"。他既没拒绝，也没接受，他只是说自己宁愿不。

后来，巴特尔比住在办公室的事被人发现，于是被要求搬走。他只是回答："我宁愿不。"律师老板为了甩掉巴特尔比这个包袱，搬迁了办公室。新租客不让巴特尔比继续住在这栋楼，巴特尔比只是说道："我宁愿不做任何改变。"最终巴特尔比因流浪罪被抓进监狱，律师在探监时给他送吃的，他却"宁愿不吃"。

故事的结局是，巴特尔比在监狱日渐消瘦，直到律师发现了他的尸体。

关于这句神秘的"我宁愿不"的意思引发了大量的讨论。有些文学评论家给巴特尔比贴上消极抵抗的标签，认为他是占领抗议运动的创始人。其他文学评论家把他看作梅尔维尔本人的抑郁困厄情绪的承载者，因为作家本人的作品在大众中反响平平。但我认为最能引发我共鸣的解读是，巴特尔比既不说好，也不说不好，是因为相较于真正的结果，他更期盼其他可能的结果。我们都在不同情况下有过类似的经历。有时，拥有多种选择是非常诱人的，这可能让我们拒绝做出选择，宁愿活在有更多可能性的世界里。这也是巴特尔比的做法，为潜在的可能放弃现实，为拥有更多选择而放弃做选择。

《书记员巴特尔比》收录在赫尔曼·梅尔维尔的《阳台故事集》中。在该书出版百年之际，索尔·贝娄的《抓住时机》问世。书中主人公的犹豫不决与巴特尔比并无不同。在这部中篇小说中，汤米·威尔姆是个幼稚鬼，他在纽约度过了狼狈的一天。他为自己追求演艺事业而后悔，他求助父亲未果，与索要抚养费的妻子周旋，最终自己仅剩的积蓄还被塔姆金骗走。江湖骗子塔姆金医生是个麦道夫式的角色。他把心理学呓语和财务建议都用上了，让威尔姆相信猪油和黑麦是稳赚不赔的投资品，即便威尔姆明知他的建议是谬论，也没能抵挡住骗局。

威尔姆意识到，他的一生就毁在犹豫不决，毁在并非出于本意的决定上。"在挣扎了很久之后，他做出了决定，把钱交给塔姆金，理性判断还是处于下风。他心力交瘁，做出了不是决定的决定。怎么会这样？这是因为威尔姆已经为犯错误做好了准备，他的婚姻也是如此。正是这样的决定让他的人生定型。"[19]威尔姆总结道：这样的多个决定造就了我的人生。[20]他开始意识到，由于这些决定，自己的人生定了型，变得混乱。这些所谓的决定，其实根本不是什么真正的决定，只能算一连串的错误。而这些错误都源于他犹豫不决、瞻前顾后。

威尔姆祈求上帝指引他不再瞻前顾后，让自己能够做出更好的选择。"让我从思绪中解脱出来，为自己做更有意义的事情。我后悔自己浪费的时光。让我挣脱束缚，得到全新的生活。我现在真是一团糟。"[21]在这部小说的结尾，威尔姆偶然参与了陌生人的葬礼，在葬礼上他彻底崩溃。他懊悔不已，满是悲恸。"他抑制不住痛苦与悲伤，最后他克制不住地捂着脸痛哭起来，撕心裂肺。"[22]他陷入了绝望，无法抉择，只能祈求上帝的救赎。

巴特尔比和汤米·威尔姆都是支离破碎的人，他们似乎处于被动地位，无法抉择。然而两者存在差异。梅尔维尔讲述的是一个不去选择，也无法选择的故事。贝娄则更为现实，他刻画的是我们不做抉择的后果——世界会代替我们做出选择，我们被裹挟着，无法找到航向。我的许多学生面临的，正是后者。他们太过依赖可选性逻辑，做出了关于所学专业、读研和工作的抉择。很快，和许多人一样，他们发现自己不知不觉地接受了并非出自本心的决定。

还有另一种风险管控的金融工具，叫分散投资。在维奥莱特·埃芬厄姆谈到年轻女性面临的风险时,她凭直觉感受到了分散投资的奥妙。当奇尔特恩夫人说儿子奇尔特恩勋爵真的爱维奥莱特时,维奥莱特否认了男人的真心是自己的择偶标准。"真心爱我的人多了。"[23] 随后她否定了一个万全之策:"但是我没办法每个都嫁。"有的男人可能符合她的期望,有的则不然。要是她会分身术就好了,如果她能每个都嫁,她的择偶风险就会大大降低。

分散投资的逻辑是投资组合理论的基石,也是金融领域中唯一真正的"免费午餐"。作为一种风险管理策略,分散投资由来已久。像保险一样,最早的分散投资的例子,出现在早期航运业。彼时,货物被分到不同的船只、不同的航线,从而降低损失。中世纪的英国农民面临的最大风险,就是过度依赖单一地块的产出。为了降低这一风险,著名的"敞田制"应运而生。农奴在领主庄园耕作一条条狭长的条田(这些条田分布在庄园各处),而不是耕作一大片土地。由于运输成本的增加,这种方法非常低效。但是由于农民在不同田地中的收成是多样的,这大幅降低了风险。

用分散投资来降低风险延续至今,而且它还被用在一些出乎意料的地方。在电视剧《火线》中,斯特林格·贝尔是巴克斯代尔犯罪团伙的商业主谋,他就运用了分散投资策略进行风险管控。在他跟警察的周旋中,保证内部通信至关重要,所以他用的是一次性手机。为了避免被窃听,贝尔不止用一条电话线。他在不同商店购买一次性手机,这样就不会产生大单交易从而引起店员注意。他还使用了多张SIM（用户识别）卡。他面临的最大风险是警方的侦查和监控，这能通过分散购买去规避。

他的最终目标已经部分实现。总的来说，他的目标是使生意多元化，不再仅仅从事毒品交易，他还要进军地产领域，并与政府合作，争取获得联邦合同，试图玩一把"高端局"。最终，由于一名同伙的疏忽大意，整个团伙被警方摧毁。他虽然在不同的地方小心翼翼地购买一次性手机，但总在同一家租车行租车。警方利用这一漏洞，出其不意地捣毁了整个团伙，导致贝尔垮台。从中世纪的农田耕种到毒贩的犯罪活动，分散投资一直是有效的风险管理工具。

正如期权具有保险属性一样，分散投资同样遵循保险的逻辑。保险公司用保险将个人的风险汇集起来，再利用大规模人口的规律性和神奇的正态分布来确定风险定价。通过分散投资，你可以将资源分散在不同的航线、土地、手机或租车公司上。你如果想从不同的结果中获益，就要分散自己的资源。

对最宝贵的资源——时间和经验，这种逻辑尤其适用。斯蒂芬·库里可谓当今最伟大的现役篮球运动员。他是通过专攻一项运动并将所有精力投入其中而取得成功的吗？与大众普遍认同的体育观念背道而驰的是，业余选手或有潜力的高水平运动员，并不被建议只专攻一项运动。库里走的也不是这条路。

少年时期，库里并没有把所有时间都投入篮球训练中，他还参加了棒球、足球、田径、高尔夫球和橄榄球等多项运动。科学研究似乎表明，从事多种运动确实有益。一项运动中的主要技能

第二章 风险交易

在其他运动中可能只是次要技能，因此从事不同的运动不仅可以减少受伤的风险，甚至还能提高某些运动的主要技能水平和其他运动的次要技能水平。这种多样化的训练方法与通识教育的理念不谋而合：避免过早地专注单一领域，通过接触更广泛的理论和接受多方面的训练，习得从不同角度看问题的方式，培养终身学习的理念。

金融教给我们的是，分散投资不仅有助于规避风险，事实上，它还有一个内在的好处。这个逻辑可能很令人费解，甚至很多思想家都对此感到困惑，连约翰·梅纳德·凯恩斯也不例外。在现代投资组合理论问世之前，他就曾断言："正确的投资方法是，将大笔钱投资到比较了解、完全信任其管理的企业中。用过多的资金投资所知甚少、不太信任的企业，认为分散投资能够将风险变得可控是错误的。"[24]然而千百年间，分散投资的逻辑对许多人而言是自然而然的事情。《圣经·旧约·传道书》建议："你要分给七人，或分给八人，因为你不知道将来有什么灾祸临到地上。"犹太教经典《塔木德》提倡："人应该把自己的财富一分为三，一份买地，一份贸易，一份随时备用。"

从金融的角度来看，这些宗教经典作品推崇的分散投资不仅降低了风险，事实上还能保证收益。同等收益下还能降低风险，再好不过。通过投资收益不同的资产，人们能从不完美的资产关系中获益。事实上，最佳类别的资产是那些与你手头持有的资产的表现截然不同的资产，将这类资产纳入投资组合，就能降低风险，保证收益。投资具有相似收益的资产，在分散投资方面则作用有限。

分散投资的好处，也体现在生活中。一位好友曾向我诉说他的投资组合存在的问题："我明白最要紧的是陪伴孩子，但如果我把所有时间都用来陪伴他们，就会毁掉他们，也会让我崩溃。为什么会这样？"分散投资原理告诉我们，当务之急是丰富我们的生活经历，拓展多种人际关系——那些不会互相排斥，反而能互相滋养的关系。与他人交友、共事，并不会妨碍你陪伴孩子，反而可能对当父母有所助益。

事实上，对我们助益最大的人际关系，是帮助我们跳出生活圈，拓宽我们视野的人际关系。用金融术语来说，这些关系是"不完全相关资产"，最有助于改善我们的生活。同理，在生活中只接触那些与我们志趣相投、经历相似的人，对我们的助益就比较小。与凯恩斯不能理解分散投资一样，扩展人际关系的逻辑也跟许多人的直觉相悖。物以类聚，或者说我们想要跟志趣相投的人在一起，这是普遍的社交本能，但这是金融学不提倡的。跟志趣相投的人在一起确实会使人们更自在，但是金融学所推崇的是让自己努力接触不同，而不是屏蔽不同。

从分散投资中衍生出来的最终投资逻辑，被称为资本资产定价模型。尽管它的名字晦涩难懂，这个模型却对我们的生活有很大的启示。这个模型的核心思想是，分散投资使个人能够持有多种不同的投资品。因此，在权衡投资时，需要考虑每种投资品与投资组合中其他投资品的相似性或差异性。简言之，任何投资品的风险都不能被孤立地衡量。只有了解某种资产在多元化的投资组合中的表现，以及它对整个投资组合的影响，才能准确衡量这种资产的风险。

归根结底，这个模型是这样的：随着投资组合大幅波动的资产就是"高贝塔"资产。因为这类资产分散风险的作用有限，所以这类资产的估值通常不高。事实上，这些资产会加剧你在市场中的风险。当市场下行时，这些股票的价格也会大幅下跌。这些高贝塔资产的低价值是你期望从这些资产中获得高收益的结果。因为它们没有什么分散风险的作用，所以这些资产就该产生高收益。而这就是这个金融原理最难懂的地方：如果要让这些资产带来高收益，当前就需要以较低的价格买入它们。在现金流固定的情况下，现价越低，收益越高，才能补偿这些高贝塔股票带来的高风险。

以雅虎、清晰频道户外广告控股公司和拉马尔户外广告公司为例，这些公司都通过销售在线广告或户外广告盈利。谷歌财经公布它们的资产贝塔系数都高于1.5。资产贝塔系数高于1.5意味着什么？简单地说，如果市场上涨10%，那么这些公司的股票通常会上涨15%；而如果市场下跌10%，那么这些公司的股票通常会下跌15%。为什么会这样？常言道：在经济不景气时首先被削减预算的是广告，而经济复苏时第一个恢复的也是广告，所以这些公司的股价波动比经济的整体波动更加剧烈。由于这些公司的股票在你的投资组合表现不佳时表现尤其差（它们是高贝塔股票），因此它们需要通过提供更高的回报来补偿你，这意味着它们作为资产的价值较低。

相反,"低贝塔资产"随资产组合的波动幅度不大。它们不需要产生高收益和高价格。也许你已经猜到了,贝塔值代表的就是资产与投资组合的相关性。在极端情况下,"负贝塔资产"的波动跟投资组合的走势相反。在整个投资组合表现良好的时候,这些资产的表现不佳。在整个投资组合表现不佳的时候,这些资产反而表现良好。因此这些资产的抗风险价值很高。这种高价值来自对它们收益的低预期。也就是说,因为这些资产能有效保障收益,因此收益的高低就不再重要了。事实上,不期待这些资产产生过高收益,正是因为当投资组合表现不佳的时候,这些资产却能表现良好。这又回到了保险的原理。在其他资产贬值的时候,仍然产生收益的资产是非常有价值的,你乐意高价购入它们。而那些加剧风险的资产的价值不高,需要产生高收益来弥补额外的下跌风险。

黄金就是一种低贝塔资产,甚至是负贝塔资产。我不懂人们购买黄金的原因,但其中一种逻辑是:当纸币变得一文不值,我们都陷入类似于电影《疯狂的麦克斯》中那样的世界末日时,我们就想要持有黄金。因为黄金保值,所以即使黄金会产生低收益或负收益,人们也乐意接受。即使黄金在《疯狂的麦克斯》世界末日场景中的作用是不切实际的,只要有足够多的人相信它的价值,对它趋之若鹜,就也能使黄金在局势动荡的时候成为一种负贝塔资产。

在人寿保险单的预期收益上,这种投资逻辑表现得更为淋漓尽致。即便我在精算师算好的日期去世，保单的预期收益也是负数。因为我多年来支付的保险费总额会超过赔付额。但是这无关紧要，因为我重视的是，当家里有不时之需的时候，保险会进行赔付。

那么，你生活中的高贝塔资产、低贝塔资产、负贝塔资产又会是谁呢？你的高贝塔资产多半是你在领英上的人脉或有工作关系的人。这些人际关系大多是工具性的。换言之，当你人生得意时，这些人就会在你身边。当你人生失意时，他们就会离你而去。因此，他们对你的价值较低。这并非因为他们不能给你带来巨大的利益，而是因为他们加剧了你的风险，并不能给你提供太多保障。当你陷入困境时，这类资产于事无补。

低贝塔资产是那些能够在困境中与你同舟共济的朋友，这种友谊更为珍贵。事实上，这种对友谊的分类与亚里士多德在《尼各马可伦理学》中对友谊的分类如出一辙。

亚里士多德认为，最低级的友谊，是高贝塔的交易型友谊，在这种友谊中，个人"不是为了爱而爱，而是因为有利可图才相爱"。[25]这种友谊淡薄而脆弱，一旦"一方不再体贴或对自己没用，另一方就不再爱他"。当你春风得意时，高贝塔朋友就会如影随形，一旦你人生失意，失去了价值，他们就会消失。而更高级的友谊是低贝塔友谊，朋友之间彼此真诚地祝福对方，这种祝福是无条件的，是基于对彼此的善意。

亚里士多德最欣赏的是无条件的爱，即你人生中的负贝塔资产。在你遭遇人生低谷时，这些朋友会在你身边鼎力相助；在你好高骛远、不切实际时，他们会设法把你拉回现实。亚里士多德指出，"大多数人似乎……希望被爱，而非爱人"。[26] 他将这种典型的情感与母爱相比。母亲"以爱为乐"，即使"孩子由于无知无法给予母亲应有的回报，她们依然爱着自己的孩子"。这听上去很像我们愿意承担负贝塔资产带来的负收益。当我们无条件地去爱自己的负贝塔资产时，我们一味付出，却不求回报，这就是负回报期望。

分散投资的逻辑、资本资产定价模型、贝塔系数之所以跟亚里士多德对友谊的分类相吻合，是因为它们的原理是相同的。在金融领域，我们规划资产投资，并最大限度地实现风险和回报的平衡。在生活中，我们也在众多人身上权衡如何分配我们的时间和精力。除了与投资组合的原理一致，这些问题也都符合保险原理。对我来说，这种一致性引发了我的思考：我是否真正呵护了自己所爱的人和朋友？在他们需要帮助的时候，我是否伸出了援手？我是不是在投资组合中的高贝塔资产上投入了过多时间，却没有意识到它们对我的价值不高？我是否珍惜了生命中的负贝塔资产？

伊丽莎白·贝内特的故事经久不衰，是因为她像我们每个人都希望的那样，成功解决了自己的婚恋风险问题。她拒绝了柯林斯先生的求婚，也没有听从母亲的警告，因为他们想利用她规避风险的心理，试图威胁她去选择自己面临的第一个选择（柯林斯先生），而不去等待自己的真爱（达西先生）。她真正倾心的是达西先生，而当他第一次向她求婚时，她并没有接受。因为达西先生当时过于自恋，对伊丽莎白不够真心诚意。相反，她继续等待。她

第二章　风险交易　　053

没有忽略自己的姐妹情谊,并观察达西先生如何对待自己的家人。她拒绝因为爱情而抛弃亲情,而且她认为这两者应该互相成就。她逐渐明白达西先生在态度上的改变,打消了对他的疑虑。

最终,她明白达西先生对自己的妹妹并无恶意,而且他是一个可靠的伴侣。事情的转折点是她去探访达西先生的庄园之行。从仆从那里,她了解到达西先生慷慨和忠诚的本性。他并非自己所担心的那种傲慢、投机取巧的人。在仔细评估风险并确定回报之后,当达西先生第二次向她求婚时,她没有任何迟疑地接受了他的求婚。她没有考虑选择达西先生会失去什么,她"一锤定音"。她似乎明白了,对婚恋的风险管理本身并不是目标,而是一套策略,确保一个人在必要时敢于冒险,从而真正创造价值。

第三章

论价值

我们在谈论天资以及该如何使用天资时，不会将经济财富当作一种天资。我们的天资更像是私人物品，而不是可以简单计算的资产净值。天资是彰显个人独特之处的品质，是我们随着时间的推移发展起来的能力。如果说在现代理念中，金钱和天资有什么联系，那就是金钱和财富可以通过运用天资来积累。

不过从词源上讲，天资和金钱息息相关。"塔兰特"（talent）最初是一个重量单位（约27千克），后来很快就演变为了货币单位，表示同等重量的硬币的价值。学者对一单位塔兰特应价值多少意见不一，但基本确定在 1 000 美元到 50 万美元之间。我们更熟悉的一些货币单位，比如谢克尔、德拉克马，实际上只价值一塔兰特的零头。那么，这个代表货币的词语是从什么时候开始，又是如何以及为什么被用来描述和定义我们的能力的呢？

我们会看到，《圣经》中关于银子（talent）的寓言故事发挥了关键作用。这个故事对页上有一幅由卢卡斯·范杜泰库姆创作的版画，生动地描绘了该寓言所描述的场景。这个故事也很好地体现了价值创造的金融原理。你会经常听到金融从业者谈论基金经理如何创造或破坏价值，是在产生"阿尔法收益"，还是在获取"贝塔收益"。这个故事就能很好地诠释这两个术语。

对价值创造的直觉感知与金融的另一个关注点，即资产估值，密切相关。我们应该如何判断资产的价值？任何人购买房子、股票或者汽车，不论是私下还是公开，都要进行这样的估值。这项资产是否"值得"我付的价钱？更广泛地说，任何时间或资源的投资，都需要估值。我应该继续攻读那个学位吗？我应该送孩子去俄罗斯数学学校吗？这些问题都需要我们权衡当前的牺牲（交的学费）和未来的收益（2040年你的女儿获得菲尔兹奖）。这些估值过程与微软公司以262亿美元收购领英时进行的估值过程相似。

就像《圣经》中有关银子的寓言阐释了价值从何而来的金融理念一样，资产估值的实际做法也给我们上了一课，告诉我们生活中真正有价值的是什么。但这些价值创造和评估的逻辑，就像这篇寓言一样，都是极其严肃的。如我们所见，其严肃性迷住了两个人——约翰·弥尔顿和塞缪尔·约翰逊。他们用这篇寓言为我们提供了关于价值从何而来，又是如何被创造出来的谦卑看法。

在《圣经》中，耶稣为了让门徒准备好迎接审判日，给他们讲了一系列寓言故事，其中就包括有关银子的寓言。主人（通常被解释为上帝）要出远门，将其财产托付给了三个仆人。三个仆人按各自能力，分别得到了五千、两千和一千银子。在主人回来后，主人发现其中两个仆人使用了这些银子，通过交易将它们翻了一番，分别将它们变成了一万银子和四千银子。主人很高兴，对他们说："好，你这又良善又忠心的仆人。你在不多的事上有忠心……可以进来享受你主人的快乐。"这两个仆人不仅得到了这些银子，还能进入神的国度。但只得到一千银子的第三个仆人，对主人说："我就害怕，去把你的一千银子埋藏在地里。请看，你的原银子在这里。"说着，他把他那一千银子还给了主人。

主人很不高兴。"你就当把我的银子放给兑换银钱的人，到我来的时候，可以连本带利收回。"作为惩罚，主人收回了可怜的仆人仅有的那一千银子，将它赐给了拥有一万银子的仆人，并解释说："因为凡有的，还要加给他，叫他有余。没有的，连他所有的，也要夺过来。"之后，主人施以终极惩罚，"把这无用的仆人，丢在外面黑暗里。在那里必要哀哭切齿了。"这个可怜的仆人被剥夺了银子，并被逐出神的国度。天哪！

虽然我对这个寓言的某些部分心存疑惑，并不完全理解，但故事的主旨十分清晰：每个人都被赋予了天资与天赋；它们分配不均，它们无比宝贵；最重要的是，它们应该得到最充分的发挥。我们是这些天资的管理者，必须充分利用它们。在某种程度上，我们都要为自己如何利用天资负责，出于恐惧而浪费了自己的天资是有罪的。这也与我们之前讨论的风险有密切的联系：人可以在一定程度上抵御和管理风险，但归根结底，生活是充满风险的。

那么，这篇寓言与金融有什么关系呢？金融领域最重要的问题就是：价值是如何产生的，又该如何被衡量？值得一提的是，那些我们认为会随着时间的推移而增值的企业，实际上是我们认为它们一直在创造价值。

金融领域对"价值从何而来"这个问题的回答很简单——你受托管理的资金是有成本的，因为委托人期望获得回报。事实上，他们期望的回报与我们之前谈到的风险呈正相关，而风险是通过你对市场波动的反应来衡量的（还记得那些贝塔系数吗？）。他们期望的回报就是你的资本成本。你是他们资金的管理者，而创造价值的必要条件就是，如果你想创造价值，你的收益就必须超过他们的期望值和你的资本成本。

这是一种残酷的逻辑。如果你的收益只是满足了投资人的期望，你就没有创造任何价值。举个例子，投资人委托 100 美元让你管理，他们期望的回报率是 10%。如果一年后，你还给他们 110 美元，那么你虽然达到了他们的期望回报，但也没什么特别的——你只是满足了预期，仅此而已。你还不如在床上躺一年呢。

只有在产出更多时，比如回报率达到 15%，才算真正创造了价值，因为这时，你的收益已经超出了投资人的预期。你可以这样理解：如果你开了一家餐馆，每顿饭的价格刚好等于原料和劳动力成本，那么这没什么好激动的，而且证明你实际上并没有创造出任何超出投入成本的价值。同样的逻辑也适用于资金管理，尽管资本成本通常并不那么直观。

对于资金管理，这个逻辑甚至变得更加残酷。如果你创造的收益低于投资人的预期，你实际上就是在破坏价值。换句话说，你还不如没有使用他们的资金。或许你认为8%的回报率已经很不错了，但如果投资人的期望回报是10%，而你没有达到，你就破坏了价值。这样一来，你真的还不如在床上躺一年。

这个价值创造的逻辑有两条推论。首先，仅仅在一两年内取得超出投资者预期的回报并不算什么令人兴奋的成就。真正的价值创造指的是你为他们多年持续经营资本，每年的收益都能超出他们的预期。其次，如果你能以高回报率不断增加他们的本金，将本息再投资，那就比单纯回报资本投资者利润更好，因为这表明你擅长持续超出预期。

例如，对比下面两个案例。在这两个案例中，投资人都期待10%的回报，但你回报了20%，轻松地超过了预期。在第一个案例中，你连续5年进行投资，但只将收益的1/4再投资，并将剩下的收益都还给了投资人。而在第二个案例中，你连续投资了25年，并且将所有收益进行再投资。两者的价值创造有何区别？在第一个案例中，你有效创造了相当于受托资金50%的价值，而在第二个案例中，你创造的价值相当于他们投资额的900%。

简言之，金融领域有一套简单的价值创造方法：（1）提供超过投资者预期的回报；（2）尽可能长时间地持续超出他们的预期；（3）不断增加投资，以持续创造高于资本成本的收益。这才是价值创造的关键所在。

这个逻辑与前面所讲的寓言故事至少有两个惊人的相似之处。首先，我们都是他人资源的管理者。这种管理身份和义务是金融工作的核心——我们管理他人委托给我们的资金，就像仆人照料上帝的银子一样。正如鲍勃·迪伦唱的那样，每个人"都要服务于某人"（Gotta Serve Somebody）。我们都是管理者，负责管理个人资源链上的每一环。

其次，管理者承载着他人的高期望，因而面临风险，可能会获得好结果（高回报/灵魂救赎），也可能会获得坏结果（价值损失/罚入地狱）。这两种结果都体现了一条残酷且具有挑战性的逻辑：充分利用被委托给你的资金，明确你被委托了多少资金以及委托人对你的期望，并尽一切努力超出这些期望。

金融领域对价值创造的洞见也可以很容易地应用于我们的生活。第一步，"提供超过投资者预期的回报"，可以理解为你的收益需要大于投入，也就是说，你回报给世界的要远远多于你被赋予的价值。第二步，"尽可能长时间地持续超出他们的预期"，也就是说收益要一直大于投入。第三步，"不断增加投资，以持续创造高于资本成本的收益"，换句话说，你永远不应停止投资，而要持续增加投资。尽可能推迟收获，因为复利投资可以获得巨大的回报。

卫斯理宗的创始人约翰·卫斯理早在 18 世纪就清楚地认识到了有关银子的寓言与价值创造之间的联系。在一篇题为《对金钱的使用》(The Use of Money) 的布道中，他明确将这个寓言与金融联系起来。布道的后两部分可概括为："不要把宝贵的银子付诸大海"和"尽力赚钱，尽力省钱，尽力奉献"。[1]这其实就是后来更加流行的卫斯理宗教义的起源："多做好事，想尽方法，挖掘途径，随处施德，随时行善，我为人人，尽我所能。"这是对价值创造的金融逻辑最好的总结。

价值创造和价值评估之间仅一步之遥。在明确金融行业的估值方法之前，有必要先弄清楚金融行业不会采取的估值方法是什么。

金融行业和会计行业经常被视为一回事，可以互换，但事实远非如此。金融行业是对会计行业及其局限性的直接补充。会计行业使用资产负债表来统计所拥有资产和所承担义务的价值，用损益表来计算年度利润与亏损。这些计算是会计实践的基础。事实上，许多人也是通过这些技术和假设来掌握自己的财产状况的。

对金融从业者来说，会计行业的估值方法令人深感不安。出于所谓的"保守主义"，资产负债表上的表述，有意忽略了企业最重要的资产，对所有无法准确估值的资产，会计师都会将其价值设定为零。事实上，像可口可乐、苹果、脸书这些企业，它们最重要的资产（其品牌、知识产权和用户群体）从未出现在资产负债表上。更糟糕的是，因为历史成本核算法（即资产应以购入价格表示），一些资产的列示价值与当前价值完全不同。在资产负债表上有大量的"商誉"（为收购一家公司而支付的超出其账面价值的金额），现在可能已经没有多少真正的价值了。所以说，会计和资产负债表本质上是静态且滞后的。它们只是一张不完整的快照，与实际的价值脱节。

个人用资产负债表来计算自己的进展，也会犯会计师所犯的错误。毫无疑问，个人将会强调计分系统，优先考虑自己可以精确计算的东西，而这些东西很可能没有真正的价值。相反，计分系统保证了真正有价值的资产永远不会出现在资产负债表上，因为它们的价值难以用数字来衡量。

考虑到会计行业的估值方法的诸多问题，金融行业采用了另一种估值方法。金融估值的出发点是，以往的成就和你今天所拥有的一切与实际价值的关系不大。金融业是完全无情的前瞻性行业，当前的价值只来自未来。估值的第一步，就是放眼未来，估计企业会如何发展或者投资在未来会产生什么结果。

第二步，就是将那些未来的收益换算成现在的价值。在金融领域，等待是有成本的。我们天生没有耐心，也不喜欢冒险，所以，我们通过之前讨论过的资本成本来收取费用。未来所有的现金流都需要根据资本成本扣减，最终得出现有价值。等待时间越长，扣减的金额就越多。将所有未来的现金流折算成当前的价值，便得到了它的现值，即真实价值。这个过程被称作贴现。

金融领域使用的任何估值模型，都有上述基本结构。忽略过去和现在，展望未来，预测经济回报。使用"加权平均资本成本",也就是把债务融资和股权融资预期回报的总和进行加权平均,折算成今天的价值。这种换算可以让你知道资产当今的价值,如果这一价值高于你必须为该资产支付的费用,你就能从这笔交易中获利。

对教育投资的估值也基于这个结构:预测这段教育能带来的额外工资,将这些工资增量折算回今天,并将其与学费进行比较。如果折算后的未来价值大于学费,这就是一笔划算的投资。鉴于教育投资的重要性和争议性(也考虑到我从事教育行业),这确实值得你停下来,花点儿时间去计算。

2016年9月,奥巴马政府发布的高等教育备忘录称,在其他条件相似的情况下,具有学士学位的劳动者在整个职业生涯中比只有高中文凭的劳动者多赚约100万美元,比只有副学士学位的劳动者多赚33万美元。但这是否就是故事的全部呢?考虑到学生需要一定时间才能真正享受到这些工资增量,将未来工资折算成现值是非常必要的。经过折算,你会发现,具有学士学位的劳动者的额外工资的现值为51万美元,而拥有副学士学位的劳动者的额外工资的现值为16万美元。现在,你只需将这个结果与当前的学费进行比较,就能判断这笔投资是否划算。这一分析(与目前流行的误导性逻辑不同)表明,大学教育总体上是划算的,但这并不意味着每个人对大学教育的投资都是划算的。

对房产进行估值也可以使用这一方法,但更难操作,因为要估计拥有房屋的回报是很困难的。在对房屋进行估值时,要计算从现在开始因拥有自己的房子而无须支付的房租,还要计算要缴的房产税和装修费，将所有费用折算成现值，就得到了当下买房的价值。不用付房租是关键因素，这也是房地产泡沫存在至今的原因。21世纪初，人们没有看到，与租房相比，购房是多么昂贵。他们如果考虑了租售比，就会发现购房原来这么昂贵。

金融业使用的估值方法和价值创造的逻辑一样残酷。你过去做了什么都不重要，唯一重要的是未来，等待未来回报的时间越长，折现带来的惩罚就越大。所有价值都来自未来。事实上，任何金融从业者都清楚，标准估值模型导致绝大多数价值归于所谓的终值。脸书、领英、推特等公司的价值，取决于我们对它们未来发展的假设——这些假设的影响都被纳入了所谓的终值。简言之，虽然我们预测的是它们未来几年的表现，但实际上，它们的绝大部分价值源于它们未来能够真正做出的卓越成就。同样地，在对房屋进行估值时，这套房屋的现值取决于我们对其未来出售时价值的预测。

通过对估值进行简单介绍，我们大致了解了金融方法及其在我们生活中的实际应用。首先，在判断价值、采取行动时，坚决朝前看，放下过去和现在。在看待今天的自己时，过去的成就、失去的机会都无关紧要。其次，强调未来意味着，对价值的所有估计和所做的决定都基于想象，本质上都是猜测。想象拥有多种可能的未来对做出正确的决定至关重要，就像评估投资物一样。最后，大部分价值来自终值（反映永久性的回报），而非短期回报。这是一场持久战，而持久的价值来自我们能留下的东西，比如遗产，而不是我们当前所拥有的东西。

我想起了我父亲常对我说的一句话，这句话也体现了我的终极价值观，现在换作我说给我的女儿们听了——"世界属于年轻人"。其中蕴含的情感在很多传统中都有所体现，也反映了金融的逻辑。我们都是为下一代服务的，因为世界属于他们，而不是我们。

寓言因其本质，可以有不同的解读，这也正是寓言带来的乐趣所在和其经久不衰的原因。然而，有关银子的这个寓言中仍有许多让我困惑的地方。

首先，给三个仆人分配的银子是不均的，表明这种分配遵循了基于"个人能力分配"的原则。其次，当再分配银子时，银子从最贫穷者流向了富有者，其用意十分明确："因为凡有的，还要加给他，叫他有余。没有的，连他所有的，也要夺过来。"最后，还有将最穷的仆人打入地狱的残酷惩罚。这个"没用的仆人"被丢在"外面黑暗里。在那里必要哀哭切齿了"。

我想知道，为什么银子最初要按这种方式分配？再次分配时为什么还要偏向最富有的仆人？为什么对最穷的仆人施以终极惩罚，他最大的过错也不过就是恐惧吧？

对某些金融从业者来说，寓言中的这些内容一点儿也不令人费解，而且很真实。他们会说："答案很简单。人与人之间的能力本来就各有差异。所以，天资聪颖的人因其能力突出就会获得丰厚的回报。因此，社会资源更多地流向了这些有能力的人。得到经济回报少的人，天资不高，且常常浪费机会。"这种客观主义的世界观展示了在金融从业者中常见的大男子主义。许多金融

第三章　论价值　　067

从业者因其工作的精英性质而骄傲：市场是严酷的主宰者，能力决定结果。

但这一定就是真的吗？我们如果感到不确定，那么还应该把它视为指导实践的信念吗？

为了探讨这个问题，我们不妨来看看两位才华横溢、成就斐然的人，他们恰好都痴迷于有关银子的寓言。一位是塞缪尔·约翰逊，他花费8年时间独自编撰了一本英文字典，这本字典后来演变成了《牛津英语大词典》。另一位是约翰·弥尔顿，无韵体史诗《失乐园》的作者。他在自己的作品中多次提到这篇寓言，并因被其逻辑深深困扰而经常夜不能寐。

无论取得了多少成就，塞缪尔·约翰逊仍担心会因为没有充分发挥自己的天资而永坠地狱。"忽略耕种天然沃土之人，比其耕种未得回报之人罪行更重。"[2] 约翰逊的观点揭示了很多享有天赋和特权的人背负的重担。他并不庆幸自己拥有更多的能力，而是意识到了天资与需要完成的任务之间的关系。

而且，在约翰逊的诗作《悼罗伯特·莱维特医生》中，他违背了寓言的教诲，赞颂了一个普通的、天资不如自己的人。莱维特是约翰逊庇护的一个可怜人，后来也开始照顾身边的人。虽然莱维特在很多方面都毫不起眼，但他值得约翰逊最高的赞扬："低调聪慧，粗犷善良"，是一个通过关心爱护身边人来证明"美德无须炫耀"的人。莱维特为何得到了如此高的评价？约翰逊在诗的末尾引用了那个寓言：

金融的智慧　　068

他的美德谨守脚下的分寸，
不曾停歇，也不留空白；
相信我们永恒的主，
会发现唯一的天资也能善尽其才。

约翰逊，一个天赋异禀的人，却从没有多少财富和天资（除了给予身边人关心和关爱）的人身上获得了灵感。对约翰逊来说，这篇寓言并不是要教导人崇拜世界上天资聪颖的"伟人"，而是给他上了一堂有关谦逊的课，让他有理由去感激天资不如自己却做出了很多贡献的人。

弥尔顿对这个寓言的解读更深入。他的父亲是簿记员和放债人，但弥尔顿被自己欠下的无法估量的债务困扰，一方面，他欠着生父在他教育上的巨大投资；另一方面，他又欠着赐予他诗歌天赋的天父。弥尔顿时常担心自己无法偿还这些债务，并用这篇寓言来表达他的忧虑。他和许多人一样，多年来四处奔波寻找当时所谓的"可靠的工作"。他的担忧在他40多岁发现自己将要失明时达到了顶点。尽管在17世纪40年代英国内战期间，他作为关于言论自由和共和主义的文章的执笔者已经功成名就，但他认为还没有充分发挥自己在诗歌创作方面的天赋——视力的进一步恶化让他担心自己永远不会有这样的机会。

在十四行诗《我的失明》中，弥尔顿用有关银子的寓言表达了自己对永坠地狱的恐惧。随着视力的衰退，他一直被对"只有死亡才能埋没的唯一才能"将会"毫无用处"的恐惧折磨。

弥尔顿成功摆脱了困境的束缚，因为他将注意力从银子的寓言转向了一篇完全不同的寓言——《葡萄园工人的故事》。在这篇寓言中，上帝是雇用工人照看葡萄园的地主。一些工人从早上开始工作，另一些工人则一直在园外闲站着，在一天将尽时才开始工作。他保证"给他们工钱"。这天结束后，上帝给了每个工人一样多的工钱，不论他们是何时开始工作的，这就让工作时间更长的人产生了怨恨。上帝回答说："我给那后来的和给你的一样，这是我愿意的……因为我作好人，你就红了眼吗？这样，那在后的将要在前，那在前的将要在后了。"

在弥尔顿的十四行诗里，有关银子的寓言中残酷的逻辑让位于葡萄园工人寓言中更加宽容的逻辑。弥尔顿本来还在担心上帝会因自己浪费了天资而惩罚自己，现在弥尔顿缓解了自己的焦虑和不安，他如此总结道：

> 上帝不强迫人做工，也不收回赐予。
> 谁最能接受他温和的约束，谁就侍奉得最好。
> 他威灵显赫，命千万天使奔跑，
> 赶过陆地和海洋，不稍停留；
> 只站着待命的人，也是在侍奉。

换句话说，这个世界上并不只有有关银子的寓言里的残酷逻辑，人也不能只依靠故事的教训而活，还需要善良、慷慨和宽容。但弥尔顿认为有关银子的寓言完全忽略了这些。弥尔顿从第二篇寓言故事中了解的慷慨精神，或许正是他在失明后依然能够完成《失乐园》、《复乐园》和《力士参孙》的原因。

虽然有关银子的寓言很好地契合了价值创造的原理，但金融领域还有一系列重要的概念，直接与这一寓言中的残酷部分相矛盾，也与一些金融从业者倾向于展示的冷酷世界观相矛盾。

金融领域中所谓"阿尔法收益"的概念，完全体现了这种残酷的、精英主义的世界观。许多金融从业者，尤其是投资人，总是自诩在创造"阿尔法收益"，并嘲弄那些所谓赚取"贝塔收益"的人。这到底是什么意思呢？前面提到过，"贝塔系数"是衡量股票随市场波动的指标。这种随市场变化的涨跌是投资者无法规避、必须面对的风险，因此他们要求从中获得补偿。那些只因承担风险而获得回报的资本管理者实际上并没有做出什么有价值的贡献。根据估值原理，他们并没有创造价值，但他们得到了丰厚的报酬，这就是所谓的赚取"贝塔收益"。回到前面的例子，他们只是达到了投资期望，却错误地认为自己创造了价值。

与这种不劳而获的逻辑相反，"阿尔法收益"代表着价值的创造，也就是获得超出预期的收益。简言之，创造阿尔法收益的人实现了金融的涅槃。当你创造阿尔法收益时，你就真正创造了价值，超出了承担风险所预期的任何回报。

金融界人士经常犯的一个错误，就是过分推崇有关银子的寓言中最具挑战性的部分。他们将自己的成功和回报大多简单地归功于阿尔法收益，并对此引以为豪。然而，实际上很难确定真正的阿尔法收益在多大程度上是我们的努力带来的。因此，我们标榜的阿尔法收益，大部分根本就不是真正的阿尔法收益。

其中一个例子就是抛硬币实验。这个实验很具挑衅性，它直接否定了"阿尔法收益容易被定义也容易产生"的观点，让那些因为创收而得意扬扬的人感到自惭。在一间屋子里，有你的100个朋友，你让他们每人都拿出一枚硬币，连掷10次并记录结果。你会发现，肯定会有一个人连续10次掷出正面。关键问题在于：这个朋友跟一个声称自己连续10年跑赢市场的投资人没有区别。为什么？

这就要说回随机性和高尔顿钉板了。虽然大多数小球会落在中间，最终形成正态分布，但一定会有小球落在两旁。当你面对数万名专业投资人时，你必然会看到其中一部分人业绩尤其出色。但这也许和他们的投资技巧并无太大关系，而完全是靠运气，他们就是高尔顿钉板中落在了两旁的小球。事实上，如果你困惑为什么更多的专业投资人都没能跑赢市场，那只是因为他们的运气没那么好。

这个实验给我们的启示是，在金融领域中，很难撇开运气去单独谈技巧。首先，随机性使任何衡量成功的标准都不可靠。其次，无法明确分辨哪些风险是真正被承担的，这导致了预期回报的模糊性。再次，现有大量证据表明，考虑到佣金因素后，很少有资产管理者能持续跑赢市场。

最后，所谓的"有效市场假说"表明持续跑赢市场是相当困难的，甚至是几乎不可能的。这个假说今天备受嘲笑，主要有两个原因：一是市场波动频繁；二是许多专业投资者有意让人们相信这一假说不成立。此外，有效市场假说的不成熟表述——所有可用信息的影响都已经反映在价格中——实际上是站不住脚的。但这个假说很好地支持了那个更周密的表述——持续跑赢市场并创造阿尔法收益非常难。

所以，这种将市场表现完全归功于自己的努力和能力的大男子主义，应该要收敛些了。而与金融业所谓的精英主义性质相关的英雄主义是站不住脚的。在金融领域中最容易把运气当作技巧，把业绩糟糕误认为业绩出色了。

事实上，这就是我们在大部分金融领域看到的情况。在过去30年里，另类资产产业大规模增长，这却没有受到资本市场的重视。这种发展基于这样一些理念：有些另类资产的投资者（比如对冲基金、私募股权基金、风险投资基金）是真正有投资技巧且能创造阿尔法收益的，而阿尔法收益正是其收费的基础。这些机构投资者的费用结构，也就是所谓的附带权益，是根据其业绩来决定的，因此，按照这种逻辑，机构投资者只有在业绩好的时候才能得到报酬。

当然，现实并非如此美好。数据显示，平均而言，这些机构投资者的业绩表现并没有超过基准水平，证明其中大多数人的投资能力的证据也很快就消失了，也许那些排名前1/10的基金是例外。而且，机构投资者的报酬是以基准薪酬为基础的，但基准通常并不反映机构投资者承担的风险。同样，高管薪酬合同单纯以股票表现来评判管理者的水平，也是错误的。在金融市场中，想在短期内（10年内）将技巧和运气分开几乎是不可能的。整个经济体系中的大部分薪酬协议并未反映这一现实，从而实际上加剧了收入不平等。

金融业警告我们，不要将业绩简单地归功于努力和技巧。运气是生活和业绩中相当重要却被低估的因素。金融业带给我们的一个重要教训就是谦逊——正如约翰逊和弥尔顿领悟的那样，只要为人谦逊、慷慨，并深刻理解生活中的运气因素，有关银子的寓言中最残酷的部分，以及许多金融从业者的世界观，都可以被有效地调和。

估值的逻辑就是管理与义务的逻辑，是回报大于索取的逻辑，是为子孙后代服务的逻辑，是不把结果和努力混为一谈的逻辑。从哲学的角度看，金融领域的估值方法并不令人意外，我们不都在努力为世界创造价值吗？金融领域对价值的探寻，就是我们对意义的追求。

在本章开头，我们从"天资"的词源谈起，引出对金融的讨论。现在，我们也借"金融"的词源来讨论人生的意义。当我问学生金融是什么时，他们通常回答"金钱"。事实上，金融对应的英语单词"finance"源自拉丁语单词"finis"，意思是"最后的付款或结算"，即支付最后一笔款项以清偿债务。"金融"一词最早出现在中世纪故事《贝林的故事》中，这个故事常被收录进乔叟的《坎特伯雷故事集》。在这个故事里，有一个人物在思考人生和境遇时说："改正错误，便是清偿债务。"简言之，履行并完成自己的义务，才是通往救赎之路。

当审判日来临时，你还清债务了吗？

第四章

成为自己的制片人

在林－曼努尔·米兰达创作音乐剧《汉密尔顿》之前，梅尔·布鲁克斯于 2001 年就创作了百老汇大热音乐剧《金牌制作人》，该音乐剧由内森·连恩、马修·布罗德里克出演。是的，尽管《汉密尔顿》在 2016 年获得了 11 项托尼奖，却仍未打破《金牌制作人》当年创下的获得 12 项托尼奖的纪录。梅尔·布鲁克斯在创作音乐剧版本前，早在 1968 年便身兼编剧和导演，创作了喜剧电影《制片人》。

在电影版中，由泽罗·莫斯苔饰演的麦克斯·比亚里斯托克曾经是风光无限的百老汇制片人，如今却落魄潦倒，穷得用硬纸板充当皮带。他不惜牺牲色相欺骗高龄贵妇为他的新作买单，希望自己能够回到在德尔莫尼科餐厅用餐、穿昂贵西服的风光日子。年轻的吉恩·怀尔德饰演的利奥·布卢姆是个温顺而天真的会计师。当他走进比亚里斯托克的办公室时，他无意间想到了一个绝妙的主意。

比亚里斯托克和布卢姆打算将音乐剧的股权溢价出售给不明真相的投资人。在筹集到这笔资金后，他们俩将用最糟糕的剧本，聘请最蹩脚的导演，最烂的班底，拍一部首演后会立即被停演的烂剧。由于没有任何利润可分，投资人的钱就等于打了水漂儿，他们只会把失败归咎于百老汇的差评。然后，比亚里斯托克和布卢姆将带着钱逃往里约热内卢。投资人则会被蒙在鼓里，完全不知道自己拥有这部音乐剧25 000%的股份，因为这部失败的音乐剧没有利润可供大家分配。只要没有利润，比亚里斯托克和布卢姆就不会有麻烦。而制作烂剧比制作好剧容易多了。

他俩拍的这部剧名为《希特勒的春天》。这是一部骇人听闻、令人反感的作品，他俩满心以为首演之后这部剧就会宣告终结。台下的观众一开始感到被冒犯，不知应做何反应，后来却发现这部剧荒诞无比，令人捧腹。这部剧的爆火打破了两人原有的计划。而该剧的最后一幕是，一起伏法的比亚里斯托克和布卢姆又在狱中聚首，继续实验他们的骗局，打算超额售卖股份，如法炮制另一部名为《爱的囚徒》的音乐剧。

到目前为止，我们已经研究了风险和收益，讨论了投资者的投资动机。但是我们还没有探讨投资者获得回报的途径和原因。

这个问题似乎微不足道。因为投资者拥有公司或产品的股份，理应得到相应的利润分成。然而《制片人》却揭示了金融的真相。投资者的权利很少，而且经常被蒙在鼓里。

那么问题就来了。就像经济学家安德烈·施莱弗和罗伯特·维什尼提到的，为什么"投资者能够得到回报。毕竟投资者将资金投入公司后，就与其资金分离，而且后续对投资过程并没有做出多少贡献，运营公司的职业经理人和企业家还不如携款潜逃"。[1]换而言之，资本主义为什么没有崩溃，陷入无休无止的欺骗？企业家为什么不都像比亚里斯托克和布卢姆那样？而既然钱有可能落入投机取巧的经理人或彻头彻尾的诈骗犯手中，怎么还会有投资者进行投资呢？

上述问题的答案触及现代资本主义的核心问题——委托与代理问题。理解这个问题为我们思考生活中的问题提供了有力的理论框架。

资本主义一度很简单。几百年前，商人、农夫、店家每天经营各自的生意。没错，资本主义曾发生过偏离，奴隶制和君主对商业活动曾产生影响。但是我之前已经说过，这里谈论的是资本主义的理想状态。

随着商业的发展，企业的规模在不断扩大。这种规模的增长要求资本主义适应这些根本性的变化。由于企业的发展需要大量融资，因此唯一所有者的模式不再可行。随着所有者的增多，很明显所有者和管理者不会是同一批人。因此以前企业由所有者经营，现在所有者和管理者则是独立的。

举一个例子来说，苹果公司最大的个人股东是首席执行官蒂姆·库克，然而他也只拥有苹果公司 0.02% 的股份。即便是持有最多苹果公司股票的共同基金所有者，也仅持有不足 10% 的股份。苹果公司的数百万个投资者选择委托经理人来管理公司，期望经理人能最大限度地实现投资者的利益。

在金融经济学家看来，这种转变将众多所有者的权力移交给了职业经理人。就像伊甸园里的亚当吃了禁果一样，这种转变代表了纯真的终结和现代世界的开端。

为什么这个转变如此重要？

美国糖果制造巨头同笑乐（Tootsie Roll）开创性地生产出了单独包装的便士糖果。这家成立于 1896 年的公司现在仍是一家上市公司，还生产其他种类的糖果，如 Charms Blow Pops、Dots 和我个人最爱的 Junior Mints。2015 年 1 月，负责运营公司的首席执行官突然辞世，公司的股东们有何反应？大家会因此对公司失去信心吗？会因为无法确定公司接任者，而进行恐慌性抛售吗？

事实上，同笑乐糖果公司的股票价格反而上涨了 7%。不可思议吧？难道首席执行官去世是件令人兴奋的事？事实上，股市的这种反应是很平常的。公司首席执行官溘然而逝会引发强烈的反应，而且通常是积极的反应。怎么会这样呢？依据奥卡姆剃刀定律，结论很简单，就是股东乐意看到首席执行官离开。但是股东不能直接开除首席执行官吗？首席执行官难道不是为股东效力的吗？

首席执行官突然去世却引发了积极的反应，除了显得有点儿冷血，还暴露出当所有者将权力委托给管理者时可能出现的本质问题，即管理者有时会违背委托人的意愿行动，而股东又很难控制这些管理者。这是公司管理的问题，也是委托与代理的问题，同时是现代资本主义的根本问题。

在生活中，大家肯定或多或少都遇到过类似的问题。我们在跟承包商、律师、医生或任何帮我们做事的人打交道的时候，都在努力解决委托-代理问题。在上述情况下，我们作为委托人授权代理人帮我们做事（盖房子、打官司、看病）。问题来自两方面，首先，代理人想帮我们，但是他们也有自己的考虑（要赚钱养家，想要快点儿下班）。其次，我们无法知道代理人是不是一直在帮我们做事。我们无法一直监工，而他们比我们更懂行（我们当真知道他们给我们家里用的混凝土的质量吗？我们当真知道自己是否需要做磁共振成像吗？或者我们当真知道那家磁共振成像中心是谁开的吗？）。

现在想象一下本质上相同但涉及更多金钱的问题，数万亿美元的公司投资。在这样的公司里，股东无法监管管理者，而管理者肯定比股东更了解内情，这就是所谓的信息不对称。你怎么知道蒂姆·库克的经营策略是否正确呢？你怎么知道他有没有努力工作呢？股东是没有办法确切了解这些事情的。管理者也没有恶意，然而有时候他们有自己的打算，可能会让股东大失所望。蒂姆·库克会不会将股东的钱用来在无限循环园区新建一个豪华的新苹果公司总部，享受舒适的办公环境，并受到同事们的爱戴？

这样做并非出于恶意，但是这意味着他先已后人，把众多投资人放到第二位。因此，现代资本主义的博弈就是，在管理者有自己的打算，股东又无法监管管理者的情况下，寻找方法让管理者为股东的利益效力。

在同笑乐糖果公司的例子中，股东质疑首席执行官是否以股东的利益为重。糖果行业一直在快速整合，以应对超市和其他食品公司的冲击。获取市场份额日益艰难，成本也越来越高，因此糖果公司为了占据更多的市场份额正在扩大规模。同笑乐糖果公司的销售额多年来一直比较稳定，许多公司则有意以高于股票市价的高价收购该公司，但公司首席执行官却不愿意接受收购。许多投资者都希望首席执行官能够接受收购。为什么首席执行官对投资者的意见充耳不闻呢？

一部分原因可能是该公司的首席执行官知道，出售公司意味着自砸饭碗，放弃800万美元年薪，这其中包括公司每年为方便他每周往返位于马萨诸塞州的家和芝加哥而在私人飞机上支付的120万美元。当你考虑到公司的年销售额只有5亿美元，这个数额就显得非常庞大。蒂姆·库克的薪酬虽然也为数百万美元，但是苹果公司的营收却高达1 500亿美元，是同笑乐糖果公司的300倍。

随着公司规模的大幅增长，确保人们有动力去完成其他人指望他们完成的任务，也就是经济学所说的激励相容问题，已经成为过去100年里的核心问题。20世纪初，安然公司和世通公司的治理丑闻就与这一问题有关。金融危机之前的信贷繁荣和金融机构过度杠杆化也跟这一问题有关。很多时候，管理者会自问：为什么不借款给资质不合格的投机性购房者呢？这样我现在就能获利，而拖欠贷款的问题要到我离职后很久才会显现。2016年的富国银行丑闻就是另一个例子，这个例子显示了激励不相容造成的巨大社会损失。

过去一个世纪以来，我们一直在尝试解决这个难题。如何解决呢？从个人方面，我们选择声誉较好的承包商、律师、医生来保护自己的利益。当然，我们还依赖职业行为准则。上述两种机制在金融领域都有用，但是它们并非完美。比如，宣读希波克拉底誓言就能保证医生不会因为自己是诊所合伙人，而要求患者去诊所做多余的磁共振成像吗？如果首席执行官的决策正确与否要10年之后才能知道，这种声誉又有多大用处呢？彼时这位首席执行官早已改换门庭了。

金融学中的代理理论提供了解决激励不相容这一潜在问题的方法。遗憾的是，这些方法不能一劳永逸，而且它们会引发新的问题。解决代理问题最重要的手段就是股权激励。一旦管理者加入了利益共同体，他们就会把股东的利益看成自己的利益，道德风险与激励不相容问题就迎刃而解了。但是过去40年实践的结果可以说是喜忧参半。管理者的利益确实与股东的利益更一致了，然而现在一系列新的问题又出现了。谁来确定管理者该持有多少股份呢？从理论上来说，这应该由董事会确定，但是事实上，好像是管理者自己决定应该持多少股份，而大家对此都没什么异议，因为这些股份不是真正的现金。更危险的是，当管理者准备出售股票的时候,他们就会有动机去改变公司的业绩,使之对自己有利。简言之,就是管理者有动机牺牲公司未来的利益,去提升公司当前的业绩。

在资本市场上,委托与代理问题大多是用其他方法来解决的。为什么会出现大型维权对冲基金通过控股和要求变革来给公司制造麻烦呢?对冲基金通过"做空"来押注公司亏损又是怎么回事?这些对冲基金其实为所有分散的股东提供了指导——他们监督管理者,并向他们施压,确保公司管理层采取正确的行动。而那些不怀好意的做空者也许是寻求真相的人,他们试图揭露管理层的欺诈行为。一些做空者成功地揭露了安然公司丑闻、营利性大学等等。一些人认为他们是吸血鬼,从生产性企业榨取价值。另一些人则认为他们是在解决深层次的问题。

像KKR集团和黑石集团这样的私募股权基金建立的前提是,所有权使其能创造价值。私募股权基金另辟蹊径,用集中所有权代替了公共资本市场的分散所有权,这样就能够密切监管管理层,从而为代理问题提供了另一个解决方案。向处于创业期的公司投资的风险投资者特别关注代理问题。因此他们创造性地使用了"可转换优先股"这种奇特的金融工具,分阶段地进行注资。这些金融实践旨在方便对管理者进行监督,并确保他们与投资者的目标一致。

可惜这些方法也引发了其他问题。维权投资者和做空者获得报酬的方式,以及允许他们获取短期收益的合同的存在,使得他们更关注短期利益。私募股权投资者看起来似乎好点儿,但这些投资者也有类似的合同，这就激励他们在特定时间段收割投资收益。此外，私募股权基金通常会转为公募，由于其拥有信息优势，因此能够在从私募转为公募之前进行有利于其利益的操作。

这些维权投资者和私募股权投资者身兼多职。维权投资者和私募股权投资者不仅是代理人的委托人，还是其他委托人的代理人。大型养老基金和捐赠基金指定维权投资者和私募股权投资者作为代理人，来保住本金并创造收益。而这些养老基金，也就是这些投资者的委托人，则是储户和退休人员的代理人。简而言之，在资本市场中委托-代理契约环环相扣，每一环都有严重的问题和冲突。

让我们再回到苹果公司。2013年，苹果公司大股东绿光资本的大卫·艾因霍恩跟蒂姆·库克唱反调，敦促苹果公司将积累的现金储备分发给股东。库克和前任首席执行官乔布斯都拒绝了现金分红的请求。艾因霍恩作为委托人，要求代理人库克把现金分发给股东。艾因霍恩同时作为联邦养老基金的代理人，也要创造收益。我们把储蓄投资在这类养老基金上，我们委托基金管理层帮我们管理财富。这是一连串的委托与代理关系。我们（最终委托人）通过养老基金（我们的代理人）进行储蓄。而养老基金则委托了艾因霍恩（养老基金代理人），后者监管库克，库克是艾因霍恩的代理人，库克又委托乔纳森·伊夫为代理人，乔纳森是苹果公司的首席设计师。乔纳森又委托……你懂的。一旦你理解了委托与代理关系链，就不难发现它在生活中无处不在。

关于资本主义的缺陷的主要争论，如今大多从金融和代理理论的角度出发。一些人认为，资本主义最大的缺陷是代理理论的拥趸矫枉过正，因为管理层如今只在乎股东的利益。他们也该关心一下工人权益、消费者权益、环境问题等。只要管理层更开明一些，不再一味逐利，世界就会变得更美好。

还有一些人认为，资本主义最大的缺陷在于未能完全践行代理理论。管理层经常举止不端，没有专注于为所有者创造价值。有些管理层追求短期利润而不是长期价值；一些投资者由于激励机制不当，承担了过大的风险；还有的养老基金因为玩忽职守，让人们承担了高额的费用。

谁说得对？这不是本书讨论的主题。但是我们有必要回顾一下同笑乐糖果公司的例子，看看它跟生活的联系。事实上，这个故事比我写的更丰富、更复杂。过世的首席执行官梅尔文·戈登入赘了鲁宾家族，这个家族一直控股同笑乐糖果公司。他掌管公司超过50年（享年95岁），由于他反对将公司出售给玛氏或好时这类更大的糖果公司，因此多次谢绝了卡尔·伊坎的提议，后者因恶意收购而声名狼藉。同笑乐糖果公司的大部分股份由戈登和鲁宾两个家族拥有，但关键在于他们拥有另一类股份，拥有这类股份意味着他们拥有额外的投票权，这实际上意味着他们拥有最终话语权。

所以，故事的第一个版本——首席执行官玩忽职守，无视股东利益（代理人未能实现委托人的目标）——有些简单化。而同笑乐糖果公司的首席执行官则效力于大股东戈登家族，为实现他们的目标服务。戈登和鲁宾两个家族关心的是属于这两个家族的股东的需求，他们认为伊坎和其他股东可能并不会关心这些。而出售公司会造成老员工失业，搬迁对社区会造成损失，品牌更迭更会让自己的产品丧失辨识度。相反，伊坎则觉得戈登和鲁宾家族仗着强大的投票权故步自封，只管自己，而不顾其他股东的利益。

所以，同笑乐糖果公司的委托方（股东）各持己见。而代理人（首席执行官）要么按自己的计划行事，要么按委托人（家族股东和其他公司成员）的要求运营。让事情更加错综复杂的是，伊坎身为管理层，也是养老基金和捐赠基金的代理人。他（身为代理人）力主出售同笑乐糖果公司，是为了委托人（养老基金的投资者）的长期利益呢？还是为了获取短期收益，提升自己的业绩，从而吸引更多投资者呢？

这个复杂的案例给我们带来了什么启示？的确，委托与代理的理论框架确实有助于我们理解现代资本主义。但它却并不能一针见血地解答孰是孰非的问题。事实上，情况可能相当混乱。委托人可能各自为政，也可能左右摇摆（例如，首席执行官该听谁的？）。代理人究竟是在谋私利还是在真诚地以委托人的利益为重，这也很难判断（例如，首席执行官到底有没有切实履责？）。有时，看似是代理人的人实际上也是委托人（比如说，首席执行官可能还有其他服务对象）。而看似是委托人的人其实也是代理人，他们同样面临着自己的委托－代理问题（也就是说，投资者本身就是动机可疑的代理人）。

欢迎来到现代资本主义的泥潭！那么，回到最开始的问题：

现代资本主义的问题是什么呢？答案就是它的复杂性。关于金融市场如何被操控，又是如何不透明的长篇大论也许不无道理，但是它们都忽略了我们试图用金融市场解决的问题的复杂性。

对我们理解混乱的现代资本主义，以及金融在其中的作用，委托－代理框架非常有用。委托－代理框架能够帮我们提出关于资本市场的正确问题，而当我们面对生活的混乱时，它也能帮我们提出正确的问题，这一点出人意料。

委托与代理视角能从以下4个维度帮助我们理解生活的复杂性：首先，最显著的是，在职场中，委托与代理关系指引我们了解自己的身份。我们在担任主管的时候，是否应该将权力下放给下属让他们负责？当我们被上司委派任务的时候，我们是听从吩咐还是按自己的想法行事？其次，尽管随着年龄的增长，我们要照顾孩子和年迈的父母，我们的身份会发生变化，但是我们在家庭中承担的角色，也可以从委托与代理视角来看。

上面两种情况是与人打交道，下面这两种是我们如何处理社会期望与自身过往经历的关系。我们身为委托人，是直言不讳呢？还是作为代理人，隐藏自己的委托人身份？就像用委托与代理的视角去解释现代资本主义的混乱一样。在这种情况下使用委托与代理视角，不是为了得出定论，而是为了找到问题的症结所在。

由于我寻求不同的教学挑战，我一度涉足领导学和组织行为学课程。我最喜欢的案例与一位年轻有为的高管有关，他拥有工商管理硕士文凭，很快便平步青云。他现在面对的难题是：一位比他有资历的下属的工作表现没有达到他的预期。用这个案例来开场可以引发很多问题，包括这位高管应该如何跟下属反馈沟通。我通常会先让全班同学讨论，这位上司应该怎么做：（1）解聘这名下属；（2）想办法指导他；（3）绕过该下属，设置平行职位。而当我让学生们以情景再现的方式把自己的选择演出来的时候，一度大谈特谈支持某种方案的学生，现在却显得犹豫不决。

但这个案例最大的意义，可能是使学生们最终意识到，问题可能根本不在这个下属身上。从头至尾都有很多零散的线索，只是学生们一般对这些线索不敏感。他们一般会花上40多分钟才能弄懂实际情况。问题在于，这位能干的高管把职责下放给下属后，却处处拆下属的台。结果就是下属心灰意懒，最后离职转行。

这位能干的高管最终也没得到什么好结果（案例后续有所提及），他的上司注意到，他的控制欲一直很强。处理好委托-代理关系是管理能力的关键组成部分，但这位高管似乎没有完全掌握这门技巧。他因为下属没有完成任务，而去惩罚下属。但这同时说明了他没有成功地扮演委托人的角色。

在讲解这个案例时，学生很快将自己代入那位能干的高管或下属的角色。有人想起自己身为代理人，被不合理的期望和资源不足所束缚的情况。还有人想起自己的控制欲太强，不愿放手，导致帮忙的人无法施展拳脚。在某种程度上，职场中充斥着各种委托与代理问题。要弄明白委托人的要求是否合理，还有代理人搞砸工作到底是因为权力不够还是因为能力有限，都非常复杂。这个案例中的那位高管与教室里的每位同学一样，都倾向于从外部寻找原因，而委托与代理的视角则提醒我们，真相往往更加微妙。

我的父亲辞世几年后，我和姐姐讨论如何安置母亲。母亲有一个护工，为人可靠，工作细致，但是母亲越来越孤独。我们俩担心她会心情抑郁，难享天年。姐姐和我住得很近，我们很快决定让母亲搬到附近居住，这样她就能更方便地见到孩子和孙子。我们不禁疑惑为什么没早些想到这一点。以后她可以随时见到我们，这样就能排解她的孤寂了。

我把这个主意告诉母亲后，她持保留意见。我把优点分析给她听，她还是不答应，我就继续劝她。最后，她说了一句话让我哑口无言，"我住在这儿就好像你的父亲还在。我不想离开他"。她清楚说什么会让我放弃，我也确实放弃了。

姐姐和我重新计议。我们认定母亲喜欢搬家的安排，她只是不想改变。一旦她做出了改变，她肯定会开心的。我们打算继续推行我们的计划，因为我们知道，母亲最终肯定会妥协。

我们继续讨论，我慢慢意识到，可能母亲并不在意是否跟我们住得近。可能她更喜欢自己目前的生活，而不是我们为她安排的生活。更糟糕的是，我恍然大悟，搬家计划可能出自我们的意愿，而并非她的本意。她搬过来能让我们的孩子有更多机会见她，可能让我们更方便。

打着为她好的名义，我们是否其实只是为了方便自己？我们到底是真正为了她好，还是转而让她成为代理人，实现我们的目的，改善我们的生活？同时，她有没有真正地思考搬家的利和弊也很难说。她拒绝搬家也许只是由于迁居成本太大，却没有考虑搬家的好处。最后，最重要的事情是，我们不知道父亲是否赞同我们的做法。从很多方面讲，父亲是背后的委托人，我在尽力满足他的想法。我们无意识地让事情越变越复杂。委托人成为代理人，而我们又无法知道背后的委托人的意图。

养育孩子也存在类似的问题。大多数父母，也包括我在内，都喜欢越俎代庖。我们希望孩子能"充分发挥潜质"，能做到"尽善尽美"。当我们说出类似的话时，我们把孩子视作委托人。我们只是在帮助孩子实现自我价值。

在实践中，我认为这种育儿方式很肤浅。这种方式不可避免地让孩子替代我们，去实现我们的目标。有时父母并非故意这样做。孩子习惯依据父母的喜好做出选择，潜移默化地将其变成自己的喜好。相较于随机抽取的人，他们更可能选择父母从事的行业，与父母的喜好相同。事实上，对很多人而言，养育孩子的首要任务，是传递价值观。如果是这样，那么谁是代理人，谁是委托人呢？

有时候，委托人和代理人的角色转变就不是那么单纯、自觉了。许多父母的初衷是好的，但问题是，他们把自己没有实现的抱负和梦想强加在了孩子身上。在这种情况下，我们假装是代理人，想帮助孩子们实现梦想和发挥潜力。然而事实上，我们却成了委托人，强行把他们塑造成我们想要的样子。

委托与代理问题的视角虽然无法帮助我们判断对错，但能让我们认识到问题的复杂性，在工作和生活中，我们总能为自己的行为找到合理的解释。而清楚并坦然面对我们的委托与代理角色，能让我们在职场、婚姻、亲子关系以及与父母的关系中做得更好。

据我个人统计，爱德华·摩根·福斯特在《看得见风景的房间》中提及了19次"混乱"。而这个单词，我在本章中已经使用了多次。福斯特的这部作品实际上就是在讲这种毫无头绪的状况。我们是选择满足社会对我们的期望，还是选择追求心中所想呢？因为有时连我们自己都不清楚做出的选择的缘由，这是一种混乱的情况。我们做出的选择到底是出于我们自己的意愿，还是出于社会的期望呢？我们到底是符合社会期望的代理人，还是忠于自我的委托人呢？

在佛罗伦萨旅行时，英国年轻女子露西·霍尼彻奇对特立独行的哲学青年乔治·艾默森心生情愫。回国后，她将自己的情愫掩藏，服从了社会期望，与塞西尔订婚。塞西尔虽身处上流社会，却无聊木讷。露西发现自己身处一团乱麻之中。她既弄不清楚自己对塞西尔和乔治到底是什么感觉，又搞不清楚自己要什么，也不明白自己这么做要取悦谁。

最后，乔治的父亲发现露西一直为情所困，他指出露西一直在逃避现实。他说道：

"亲爱的，我担心你。我觉得你陷入了困惑的旋涡。听听老人家的话，世上没有什么比身陷困惑更糟糕了。死亡和命运并不可怕，那些听起来可怕的事情实际上并不可怕。唯有陷入困惑的旋涡才可怕，现在想来令人不安的困惑本来是可以避免的。虽然人生光辉灿烂，但是人生也很艰难。我的一个朋友在信里说过，生活就像当众表演乐器，你必须现学现卖。我认为他说得很对。人必须边走边学，尤其是爱情这门学问。"[2]

然后他激动地喊道："瞧，这就是我的意思。你爱乔治啊！"

露西深受震撼，醒悟过来。虽然她嘴上不愿意承认，但她心里知道，乔治的父亲是正确的。她一直在迎合社会的期望而忽略了内心的声音，因此陷入了生活的混乱。

艾丽·卢娜在她富有想象力且广受欢迎的博客文章中表达了同样的情感，随后将其结集出版为《这就是我背叛自己的方式》一书。她认为我们人生中会面临很多这样的十字路口，而且解释了为什么该走的路尽管是诱人的，却并不能让我们心满意足。因为"该做的事情是世上其他人对我们的期望——我们该怎么想，该怎么说，该做什么不该做什么。这是他人强加给我们的层层期望"。[3]不管是卢娜、露西，还是我们大多数人，都会不假思索地做出安全的选择。露西·霍尼彻奇原本也打算这么做：成为社会期望的代理人。

卢娜认为，要抛弃"该走的"道路，才能走上"必由之路"。"必由之路"是我们的本我、我们的信仰，真实的自我指引我们做出的选择。它是本能，是欲念，是我们即使粉身碎骨也要追求的东西,是心里某处升腾而起的直觉。走上必由之路意味着我们不再迎合他人的理念,开始促使自我理想的实现。[4]也就是说,"露西,去爱乔治",别再做社会期望的代理人,做你自己的委托人。

"该做的事"和"必须做的事"这种矛盾推动了《看得见风景的房间》的创作,在过往的文学作品中,这种矛盾也屡见不鲜。众所周知,《制片人》中利奥·布卢姆这个名字事实上就取自詹姆斯·乔伊斯所著的《尤利西斯》里的利奥波德·布卢姆。梅尔·布鲁克斯至少给出了两种解释,其中一种轻率的解释是:"我不知道这个名字对詹姆斯·乔伊斯意味着什么。但对我而言,利奥·布卢姆这个名字总让我想到一个柔弱的、有卷发犹太人。"[5]

与其外貌形成反差的是,布鲁克斯本人是一位严肃的学者,他崇尚文学,早年曾立志成为小说家。选择利奥·布卢姆这个名字,反映出布鲁克斯对文学的喜爱,也反映了自我实现的主题。在布鲁克斯看来:

> 在任何故事中,主人公都必须经历蜕变。他们必须在经历某些事后促使自己成长和改变。因此,布卢姆也将经历这样的转变,最终绽放光芒。一开始,他是一个唯唯诺诺、低声下气的小人物,对人卑躬屈膝。但他的内心深处有一个更加复杂多变的自我。他不敢成为这个样子,因为他不敢冒险。他本打算一辈子做一个诚实无欺的人,直到死去。但是他遇上了麦克斯,

他们互相影响，以至于这个单纯的家伙想出了一个主意，拍一部肯定不卖座的戏，向一群老妇人提前出售25 000%的利润，从而牟利。⁶

布卢姆站在岔路口，到底是选择该做的事情，还是选择必须做的事情呢？比亚里斯托克则帮助他做出了选择，选择必须做的事情，并承担相应的后果。在某种程度上，人生是关于挑战他人对我们的期望和赋予我们的一切，从而发现自我的。就像詹姆斯·乔伊斯在以利奥波德·布卢姆为主角的小说《尤利西斯》中所说的那样："我们的名字有什么意义呢？小时候，当我们将自己的名字写下来时，我们会扪心自问这个问题。"⁷就像露西·霍尼彻奇、利奥·布卢姆、艾丽·卢娜那样，他们都意识到自己困在被他人定义的世界里，成了他人的代理人。我们能成为自己的委托人吗？我们能不能为自己的名字创造新的意义呢？

在《制片人》里，《希特勒的春天》的剧作家是一个明显同情纳粹的德国人，在他把剧本卖给比亚里斯托克和布卢姆后，他便想庆祝一下。他提议为"史上最伟大的人"举杯，⁸但又担心"隔墙有耳"，所以他和比亚里斯托克、布卢姆只能小声说话。他小声说出"阿道夫·希特勒"，以为另外两人也会仿效自己。但是比亚里斯托克轻声念出自己的名字，而布卢姆说出了"西格蒙德·弗洛伊德"。比亚里斯托克的话更能博得观众的笑声，但是布卢姆的话更能显露布鲁克斯的内心活动。

梅尔·布鲁克斯对弗洛伊德的痴迷由来已久。他早期的许多作品中都有关于精神分析的片段，其中包括与卡尔·雷纳合作的作品，以及1963年精彩的奥斯卡获奖短片《评论家》。在谈到创作比亚里斯托克和布卢姆的灵感来源时，他说："这两个角色就是我自己，是我的自我和本我。比亚里斯托克很坚强，有计谋、有想法，他自吹自擂，野心勃勃，自尊心受过伤害。而布卢姆是一个神奇的孩子。"[9]

事实上，布鲁克斯多年来都在接受心理治疗，医治童年创伤。他的父亲在他两岁的时候就过世了。布鲁克斯很崇拜他的母亲，他曾说："让我跟她一起，裸泳我也乐意。"[10] 扮演德国编剧的演员肯尼思·马尔斯记得布鲁克斯讲过自己的童年，他觉得这对了解布鲁克斯本人至关重要。布鲁克斯告诉他："知道吗？在我两岁前，我脚都没沾过地。因为父母总是轮流亲我抱我。"[11] 肯尼思继续回忆道："他永远觉得自己是个孩子，是能给人带去欢乐的孩童。我认为这很关键。"

在最后这个委托与代理的例子中，我们的童年经历最终成了隐藏的委托人。不管我们是否明白，我们最终都是在为它服务。

《制片人》制作班底中的大部分人似乎都有非常复杂的童年，童年影响了他们的一生。这部电影的制片人西德尼·格雷季尔的童年就很悲惨。父亲过世后，母亲跟另一个男人交往，就把他留在了孤儿院。从此电影成为他"艰难生活中最愉快、最美好的事物"。[12] 然而，童年的阴影挥之不去。他的女儿说，尽管他"很有个人魅力"[13]，但是"很难相处"。因为他在"自我毁灭的倾向和生存的意志"之间挣扎，他离过4次婚，患有躁郁症。而另一位制片人，好莱坞大亨约瑟夫·莱文也幼年丧父，贫苦出身的他认为童年"每天都不幸福"。长大后，他在自己的办公室给访客变魔术，体验缺失的童年。男主角之一的吉恩·怀尔德则管布鲁克斯叫"爸爸"。同样地，布鲁克斯把席德·凯撒当作父亲看待。后者是出演《你的演出的演出》的天才演员，这部戏让布鲁克斯崭露头角。

每次听到童年影响人生的论调，我都不确定这是一种心理学呓语，还是确凿的事实。我上大学时读过弗洛伊德的著作，他的理论确实引人入胜。但后来我读到了文学评论家弗雷德里克·克鲁斯对弗洛伊德思想的全面解构。作者揭露了弗洛伊德的理论是伪科学。但我还是认为弗洛伊德的理论是有道理的。我甚至发现自己最近的谈话受到了弗洛伊德思想的影响。我向一个同事抱怨另一个同事（大家的成见是真的，文人就是相轻），我跟他说，"那个家伙就像是童年阴影发作了"。我俩开玩笑说，我们越是长大，就越理解童年对人的影响。然后我又继续开始抱怨他了。

心理分析师斯蒂芬·格罗斯所著的《咨询室的秘密》一样让我思绪万千。格罗斯在这本薄薄的书中展示了他对他的病患及其问题的微型案例研究。一方面，每个病患成年后面临的问题归根结底都与童年时期的不公经历或记忆有关——这一切都显得那么精准和刻意，以至于令人生疑。另一方面，这些临床病患的困扰引人深思，能够让人产生共鸣——你能跟每一个病人共情。

在一个故事的结尾，年轻人彼得无意中破坏了友谊，也搞砸了其他人际关系。格罗斯在文末说道："凯伦·布里克森（又名伊萨克·迪内森，《走出非洲》的作者）认为，悲痛若能被写入故事中，那么都是可以承受的悲痛。但要是一个人人无法讲述关于自己的悲伤的故事呢？如果他的故事可以反而流露出他的悲伤呢？我凭经验知道，我们的童年会给我们留下这类失语的故事——因为没人告诉我们该如何讲出自己的故事，所以我们从未找到讲述它的方式。当我们找不到讲述童年故事的方式时，这些故事会自己显露出来。我们会梦到这些故事，我们会表现出来，或做出一些令自己都费解的事情。"[14]

读完那本书，我的体会是，成年人的诸多问题都与孩提时代悬而未决的经历有关。成年后，我们会将童年的经历升华，不知不觉地成为代理人，而成年后的大部分时间就是在弄清楚，你其实是这些经历无意识的代理人。最终，我们要学会不做无意识的代理人，要认识到自己的过去，成为自己人生的代理人和有意识的设计师。

最佳例证就是爱丽丝·米勒所著的《天才儿童的悲剧》中的直觉敏感型孩子。在这本短篇著作中，米勒讲述了当直觉敏感型孩子遇上苛刻的家长时会发生什么。这种孩子对周围人的需求极其敏感，因为经验告诉他们，这样别人才会爱他们。但是当他们长大后，他们会很难向外界传达自己的需求和意愿，因为他们已经习惯了去满足别人的要求。这种儿童长大后会拥有典型的代理人人格，他人的赞赏成为驱动他们前进的动力。但是成人后，他们不知道如何做自己的委托人，掌控自己的人生。因为他们从未自行规划过人生，只知道如何满足他人的需求和梦想，他们会因此深感失落和挫败。他们受困于代理人的身份，不知道怎么当好委托人。然后他们又让自己的后代重蹈覆辙。简言之，就是虎妈虎爸代代传。

我想，过于自负，以及媒体和粉丝的关注会使演艺圈的婚姻更复杂。无论用什么标准衡量，2005年逝世的安妮·班克罗夫特与布鲁克斯长达31年的婚姻都算得上是成功。班克罗夫特是一名杰出的女演员，她最为人熟知的角色就是电影《毕业生》里面的鲁宾逊太太。凭借《奇迹创造者》里海伦·凯勒的老师一角，她一举摘获奥斯卡奖和托尼奖。除了表演，她后来还多次担纲制片人和编剧。最关键的是，她能忍受布鲁克斯这么多年，简直是圣人！

当谈及当编剧和演员的差异时，班克罗夫特曾经向剧评人肯尼斯·泰南讲了这样一个故事："有一天我彩排不顺利，晚上很晚到家。而梅尔全天在家写剧本。我觉得委屈，大喊着表演太苦了。梅尔把一张白纸放到我面前，他说，写不出东西，才是真的苦。此后我再也没抱怨过演员的辛苦。"[15]

这样说不是要贬低表演的难度，而是一针见血地说明创作的难度。做编剧的代理人，演别人写的角色的确不容易，但更难的是成为委托人，从零开始编剧。西德尼·谢尔顿曾在史上最畅销小说作家榜位列第7。他深谙应付灵感枯竭的方法。他的这段话可以很好地开导梅尔·布鲁克斯（或弗洛伊德）。他认为，"写不出来的时候，就是上帝在让我们知道，他有多么不容易"。上帝造人是个奇迹，好在从代理人成为委托人，我们拥有不止7天时间。

第五章

没有金融就没有爱情

最真实地描述华尔街的电影，出现在《大空头》和《华尔街之狼》之前。迈克·尼科尔斯1988年执导的电影《打工女郎》生动地捕捉到了华尔街最美好的一面（对人才、竞争的重视和对解决问题的乐趣的强调）和最糟糕的一面（性别歧视、势利和放纵）。此外，你在这部电影中还可以一睹梅兰尼·格里菲斯、哈里森·福特、西格妮·韦弗和亚历克·鲍德温年轻时的风采，以及20世纪80年代流行的服装和发型。

苔丝（梅兰尼·格里菲斯饰）是一位来自斯塔藤岛的秘书，急于在高风险的并购游戏中大展身手。她的上司凯瑟琳（西格妮·韦弗饰）是一个典型的投资银行家——生活讲究、傲慢自大、自私自利而且虚伪狡诈。凯瑟琳的恋人杰克（哈里森·福特饰）是投资银行界的正面人物，工作努力，一心替客户解决问题。凯瑟琳在欧洲受伤后，苔丝代理凯瑟琳行使职权，她建议凯瑟琳的客户特拉斯克实业与杰克的客户名下的一家广播电台进行合并。杰克与苔丝展开合作，并在并购过程中彼此倾心，但杰克并不知道苔丝是凯瑟琳的秘书。凯瑟琳回来后想撤销并购，然而此时特拉斯克和广播电台、杰克和苔丝之间的关系已经变得错综复杂。

其中最难忘的一幕，便是凯瑟琳一厢情愿地勾引杰克的情景，而这时，苔丝正躲在衣柜里。凯瑟琳以一种只有投资银行家才有的方式表达自己的浪漫情怀。凯瑟琳厌倦了等待杰克求婚的日子，她主动拉过杰克，说道："我在想，我们为什么不在一起呢。想想看，亲爱的，你和我将是无比幸福的一对。"虽然这恐怕是史上最不浪漫的求婚了（《傲慢与偏见》中柯林斯先生的求婚可以与之相比），但她的求婚暗示了婚姻结合与公司合并的过程有相似之处。

你以为只有那些纸醉金迷的投资银行家才会认为爱情和金钱密切相关吗？吉他手蒂尼·格里梅斯在离开阿特·塔图姆三重奏组合后开始独自追求音乐事业，1944年他与查理·帕克合作，创作了经典的比波普爵士乐作品《没有面包的爱情》(*Romance Without Finance*)。格里梅斯的结论很明确——没有金钱的浪漫根本行不通。他不带丝毫讽刺地唱道："没有钱就别和我在一起……没有面包的爱情真让人烦。"查理·帕克和其他乐队成员则在后面附和地喊着："兄弟，你别开玩笑！""真让人烦！"重复地表达着这种情绪。

50年后，摇滚乐团小壮举乐队（Little Feat）发布了一首同名新曲。这首歌曲采用了更典型的浪漫主义视角，完全颠覆了蒂尼·格里梅斯歌曲中传达的思想。小壮举乐队直接挑战格里梅斯的逻辑，用温和的语调唱道："金钱和爱情有什么关系？……金钱诚可贵，爱情价更高。"

雷·查尔斯和坎耶·韦斯特各自的首支热门单曲中也有类似的反转。雷·查尔斯1954年创作的首支热门单曲《我有一个女人》（*I Got a Woman*）就采样自流行福音歌《一定是耶稣》（*It Must Be Jesus*），这首歌曲以全新的方式将神圣和世俗元素融合在了一起。在这首歌中，他赞美了一位女性纯洁的爱情，歌词是这样的："在我最需要的时候她给了我钱。啊，她的确是雪中送炭的好朋友。"50年后，坎耶·韦斯特也像小壮举乐队那样，采样了雷·查尔斯的首支热门单曲，颠覆了其中含有的原始的浪漫情感。

在坎耶·韦斯特的歌曲的前奏部分，这首歌的另一位演唱者杰米·福克斯模仿了雷·查尔斯，但这次他换掉了一些关键歌词，讲述了一个更具警示意义的故事。福克斯唱道："在我最需要的时候她把钱财一扫而空，啊，她真是名副其实的狐朋狗友。"好在坎耶并没有那么愤世嫉俗。在歌曲的其余部分，他将爱情和金钱这两种截然相反的观点结合在了一起。他用自己的警示忠告取代了雷·查尔斯歌曲中的甜蜜情感。就像雷·查尔斯在其歌曲中深情地告诉我们，当他需要钱时，她会给他钱一样，坎耶加入了自己的警示故事，告诉我们她很可能是一个"拜金女"。

有时候，我们可能会选择相信雷·查尔斯和小壮举乐队歌颂的甜蜜爱情。但蒂尼·格里梅斯和坎耶·韦斯特的实用主义也能引发我们的共鸣。在金融与爱情之间的深层联系方面，历史似乎站在了格里梅斯和韦斯特一边。从文艺复兴时期佛罗伦萨的金融活动到罗斯柴尔德家族的崛起，从汽车工业的兴起到互联网的早期发展，金融与爱情一直有千丝万缕的联系——越来越多的金融故事和有关并购的智慧可以为浪漫关系的发展提供一些深刻的启示。

为了解金融、爱情、婚姻以及企业并购之间的联系，我回到了这些联系最为显著的地方——文艺复兴的中心，15世纪的佛罗伦萨。大多数人将意大利视为激情与浪漫的代名词，却往往忽略了中世纪与文艺复兴时期的意大利是现代银行业的发源地，热那亚、卢卡以及最为重要的佛罗伦萨等北部城市见证了银行的诞生。现今仍在运转的最古老银行锡耶纳银行就坐落在锡耶纳附近，它最近刚刚举办了庆祝成立550周年的纪念活动。而更为重要的是，美第奇银行及其所有者美第奇家族在文艺复兴时期的佛罗伦萨就占据统治地位，在许多方面推动了文化的觉醒和文艺复兴运动的发展。

当我前往位于现代佛罗伦萨的国家档案馆时，我清晰地感受到，佛罗伦萨的浪漫气息因金融变得无处不在。我从皮蒂宫（曾是美第奇家族科西莫一世的府邸）出发，穿过维琪奥桥（此桥曾为闻名遐迩的瓦萨利走廊，仅供美第奇家族由此穿过阿诺河），抵达乌菲齐美术馆（由美第奇家族建造），再穿过领主（执政团）广场（执政团是由美第奇家族掌控的政治机构，如今美第奇石狮依然俯瞰着广场）后来到圣十字大教堂（美第奇家族的私人礼拜堂）。

我终于抵达了目的地——佛罗伦萨国家档案馆。档案馆原本位于乌菲齐美术馆内，如今搬到了一座建于20世纪80年代的庞大、粗糙、怪异的棕色建筑里，建筑外面的楼梯已经锈迹斑斑。令人惊讶的是，当时决定搬迁的意大利人竟然会选择如此糟糕的风格。慷慨的档案管理员弗兰切斯卡·克莱同意与我见面，她热情地安排了一次回顾15世纪的佛罗伦萨之旅，正是在这里，金融与爱情之间的联系最巧妙的表现之一——嫁妆基金（其意大利语为Monte delle doti）——得以诞生。

我们首先来重温几封斯特罗齐家族的家书，这个家族曾经是佛罗伦萨最富有的家族之一。因为对美第奇家族构成了巨大威胁，斯特罗齐家族中的所有男丁都被流放。女族长亚历山德拉频频给她的儿子菲利波写信，谈论他的妹妹卡泰丽娜和卡泰丽娜未定的婚事。弗兰切斯卡解释说，在那个时代，婚姻是整个家族的头等大事，因为婚姻对巩固和扩大商人家族的生意和势力至关重要。实际上，婚姻创造了商业联盟。

弗兰切斯卡解释说，因为家族被流放，声名狼藉，16岁的卡泰丽娜的婚姻前景堪忧。在最后一封信中，亚历山德拉欣喜若狂，因为女儿与马克罗·帕伦特定下了婚约，还有1 000弗罗林的嫁妆。嫁妆（新娘家付给新郎家的财产）在佛罗伦萨是一项主要的社会制度，弗兰切斯卡向我展示了记录了15、16世纪佛罗伦萨所有嫁妆的大量档案。

婚姻和嫁妆的重要性，加上一些其他因素，最终促成了嫁妆基金的诞生。这一早期金融工程的创举解决了三个看似不相关的问题。第一个问题是，对女方家庭而言，婚姻市场中年轻女性的数量远远超过符合条件的年长男性，出现这一现象的部分原因是瘟疫肆虐。这又引发了一个现象，即嫁妆数额的迅速攀升，这一现象给父亲及其女儿带来了更大的风险。没有足够的嫁妆，女孩要么去修道院做修女，要么沦落风尘。举个例子，弗兰切斯卡向我展示了一份嫁妆记录，婚约双方分别是保罗和玛格达莱娜，嫁妆的金额为833弗罗林。另一名叫玛格丽塔的女性，付了50弗罗林给一个修道院，才换取进入修道院的资格。婚姻市场上的失败在很多方面都是代价高昂的。

不断攀升且无定额的嫁妆金额引发了第二个主要问题。随着嫁妆的重要性日益凸显，男方更加担心如何确保在结婚时从女方家拿到丰厚的嫁妆。实际上，当时出现了多起新郎等待多年却仍未获得嫁妆的事件。第三个问题是，当时佛罗伦萨政府陷入了财政危机。与米兰和卢卡的连年战争导致政府债台高筑，岌岌可危。

嫁妆金额的不确定性，新郎对嫁妆无法在完婚时及时兑现的担忧，加上政府财政的不稳定性，共同催生了嫁妆基金。

1425年，佛罗伦萨政府推出了"嫁妆基金"计划。该计划允许市民从女儿5岁生日开始以固定利率借钱给政府，这些账户在10年后与女儿一同"成熟"到期，获得收益（这为"到期收益"赋予了新含义）。账户资金只有在完婚时才能提取，并由政府直接支付给新郎。这样，政府就拥有了一个强大的融资工具，父亲可以通过优厚的利率和预先储蓄的承诺来抵御嫁妆迅速膨胀的风险，而新郎则可以得到嫁妆由政府，而不是可能出尔反尔的女孩父亲支付的保证。

谈到金融创新，弗兰切斯卡向我展示了更多有关婚姻和嫁妆的信件，令我感到欣慰的是，我们现在无须再考虑嫁妆基金了。在美国，我们只需考虑为女儿规划529教育储蓄计划。

不过最初，嫁妆基金并不受欢迎，只有两位父亲参与该计划。11%的利率并不足以吸引更多人参与，更重要的是，该计划规定，如果女儿在到期前去世，父亲将损失本金。在死亡率居高不下的情况下，这对焦虑的父亲来说并不是一笔划算的交易。面对与日俱增的财政压力，政府于1433年修改了有关规定，允许父亲在女儿去世后仍能取回本金，并将利率提高至21%。

随后，嫁妆基金大受欢迎，成为15世纪佛罗伦萨的主要融资方式。在这座人口仅为5万的城市中，100年间竟然开设了近两万个账户。艺术史学家推测，扬·凡·艾克的那幅最为著名的婚礼绘画《阿尔诺芬尼夫妇像》实际上反映的就是与嫁妆基金有关的嫁妆支付情况。

最终，人们还是发现嫁妆基金不太稳定，就像许多看起来美好却不切实际、依赖政府资助的交易一样，嫁妆基金不得不经历数次改革。但嫁妆基金的核心作用是显而易见的。观察者认为该基金是"我们叫作城市的机构的核心"[1]，并认为如果没有它，佛罗伦萨就会被"蹂躏"[2]（即被竞争对手超越）。除了对15世纪佛罗伦萨的生死存亡发挥重要作用，嫁妆基金还承担了更多的功能。用两位研究嫁妆基金的著名学者朱利叶斯·科什纳和安东尼·莫尔霍的话来说："嫁妆基金是防止统治阶级集体遗产被分割的主要制度工具，也促进了阶级内通婚制的发展。"[3]

将这句话翻译成更通俗易懂的版本就是：嫁妆基金鼓励精英阶层在家族内部结婚（内婚制），而不是嫁娶有钱的后起之秀，这样做能保存精英阶层的经济实力而非削弱它。事实上，这些学者指出，与其他城邦的精英相比，佛罗伦萨的精英能够久盛不衰，有很大一部分得益于嫁妆基金制度。

嫁妆基金鼓励所谓的"门当户对式婚配"，即鼓励个体和与自己相似的个体结婚，而不是随意婚配。因此，精英可以通过在精英家族之间建立战略联盟来保持权力。实际上，婚姻是权贵家族之间的一种合并，嫁妆基金则是让他们能够继续这种合并的融资机制。

事实上，将婚姻视为经济利益的结合手段在历史上并不罕见。最明显的例子是，重视最高统治权的王室通常将婚姻视为一种战略工具。法语短语 choix du roi（王者之选）反映了这样一种观念，即先生儿子后生女儿是法国君主的首选。长子确保了王室血统的延续，次女则是用来与潜在盟友联姻，从而进行战略布局的资产。

自美第奇家族以来最重要的金融家族——罗斯柴尔德家族的婚姻观也是如此。在盛行为爱结合的时代，罗斯柴尔德家族选择了一条与众不同的道路。许多家族都认为家族内部的联姻很重要，罗斯柴尔德家族则更进一步。梅耶·阿姆谢尔将一个从事古董买卖的家族企业转型为19世纪最大的银行帝国，从自己的婚姻中获益良多，他娶了一位宫廷官员的女儿，这位官员是负责当地贵族阶层的金融交易的关键人物。正如历史学家尼尔·弗格森所说："除了与岳父的关系给梅耶·阿姆谢尔带来的好处，这桩婚事还为他带来了至关重要的新资本，即2 400荷兰盾的嫁妆。这是罗斯柴尔德家族精心策划的一连串婚姻中的第一桩，为他们奠定了繁荣的亲属关系基础，其重要性不亚于宫廷官员代表的王室庇护基础。"[4]

在罗斯柴尔德家族统治金融界的关键时期，他们受到王室近亲通婚传统的启发，开始实行近亲联姻，这在当时是前所未有的。从19世纪20年代开始，家族内部缔结了近20桩婚姻，大多是叔辈和侄女之间的结合，目的是确保家族5个分支的联合，以巩固家族权力和财富。总之，用弗格森的话来说，他们的标准让人觉得"只有罗斯柴尔德家族成员才真正配得上罗斯柴尔德家族成员"。[5]

1839年，当汉娜·梅耶选择与家族以外的人结婚时（这几乎就是19世纪爱情小说的情节），其家族的反应非常激烈，家族领袖明确表示反对。詹姆斯是当时罗斯柴尔德家族的一位领袖，他在给兄弟的信中写道："我和家族中的其他人……一直都在教导孩子们，从小就让他们明白，他们的爱情仅限于家族成员之间，他们彼此依恋就能避免产生与家族以外的人结婚的念头，这样财富就不会流失。如果我的孩子看到与家族以外的人结婚不会受到惩罚，那么谁能保证他们还会听我的话呢？"[6]事实上，近亲结婚确实避免了类似布登勃洛克家族所经历的家族企业衰落，罗斯柴尔德家族的兴旺持续了数代。

如果你认为作为经济利益结合的婚姻仅存在于遥远的古代或是君主和金融贵族（如罗斯柴尔德家族）的专利，那么请再想一想。在一项关于婚姻在泰国商界的作用的精彩研究中，几位泰国学者发现，对依赖关系的家族企业（如建筑业企业）而言，几乎这些家族的所有子女都会选择与相关行业中其他精英家族的子女结婚，而不是与非相关行业的人结婚。这样做是有回报的。当精英家族企业的子女与其他精英家族企业的子女成婚时，这些企业的股价会在婚讯公布后大幅上涨。而这些子女若与"平民"结婚，股价就不会出现这种提升。

这种现象不仅仅在亚洲出现。在现代美国，经济实力相近的个体结合的趋势也日益显著。事实上，近年来收入不平等加剧的一个主要原因就是门当户对式婚配的复兴。随着越来越多的人选择与自己的收入和教育背景相似的人结婚，经济权力变得更加集中。有人估计，如果婚姻像1960年那样随机发生，家庭收入差距在过去50年中就不会有太大变化。换句话说，不只是尼基·希尔顿嫁给了詹姆斯·罗斯柴尔德，而是我们所有人都会寻找和自己拥有相同的社会地位和受教育程度的人结婚。只要看看《纽约时报》每周日的婚庆板块就知道了——金融界人士戏称这个版面为"并购版"，这个版面实际上就像婚姻版《点球成金》，其主要内容为对婚姻双方的家庭背景进行量化分析。

这种将婚姻视为合并的视角为我们将金融智慧应用于爱情生活打开了一扇大门。事实上，成功合并的决定因素是金融领域的重要话题，也是商业世界中最接近浪漫爱情和婚姻感情纠葛的方面。我们对合并中的是非曲直了如指掌，也许这有助于我们更深刻地理解婚姻。

企业合并与婚姻的相似之处在下面这个故事中清晰地显现。

很久很久以前，在爱情之都巴黎，我们故事中的这对恋人初次相遇，开启了一段经典的忘年之恋。他们相差20岁，然而在众人眼中，他们更像是来自不同时代的人。我们的"年长者"经历过两段错综复杂的婚姻生活，在思考人生苦短和生命意义的同时，开始急切地寻求恢复青春活力的方法。而我们的"年少者"风华正茂、魅力无限。在过去10年里，"年少者"备受瞩目，成为世界关注的焦点。但"年少者"深知自己的魅力稍纵即逝，"年少者"渴望一位"年长者"的稳重和地位。

最初，"年少者"对"年长者"的追求异常热烈，一路追随，只为能再一次"偶遇""年长者"。"年少者"很快意识到，自己必须更加直白地表达自己的情感。因此，他在纽约安排了一次私人晚宴，期待两人能够坦诚地交流彼此的过去和对未来的憧憬。在发现彼此拥有共同的价值观后，"年少者"放下了一切伪装，直接提出了在一起的想法。"年长者"欣然同意，这距离他们在巴黎的初次相遇仅过去了两个月，其间他们只见了三次面。

他们突如其来的决定令所有亲友惊讶不已，然而，亲人们很快就聚集在一起，在"年少者"的家中品尝1990年雄狮酒庄红酒，共同庆祝他们的订婚。几天后，这一婚讯便登上了《纽约时报》的婚庆版块，同时通过其他社交媒体传播开来，他们的婚礼被称作"世纪婚礼"。

裂痕早已显现，只是公众的期望难以阻挡。事实上，"年长者"之前并未深入了解"年少者"，最终发现"年少者"是一位强势的谈判者，而且经常在关键承诺上食言。尽管如此，他们的婚姻承诺还是掩盖了所有的危机迹象。婚礼结束几个月后，婚姻的车轮脱离了正轨。"年少者"掩饰了自己不光彩的过去，同时发现"年长者"的生活保守古板。"年少者"年轻有活力，但"年长者"越来越无法容忍，两人的相处也不如他最初所想象的那般美好。他们旋风式的浪漫激情很快烟消云散。仅仅过了一年，他们的婚姻就陷入了严重的危机，但和所有不幸福的夫妻一样，他们还是浑浑噩噩地拖了8年，最后以离婚收场。他们对在爱情之都相遇的那一天感到后悔不已。

旋风式恋爱、闪电式结婚再到最后分道扬镳，构成了2000年美国在线和时代华纳的合并故事。我把它编成了一个童话故事，但真实的故事十分戏剧化。我们的"年长者"就是时代华纳的杰里·莱文，"年少者"则是美国在线的史蒂夫·凯斯。除了他们两人在年龄上的差距，两家公司也确实成立于不同的时代。美国在线是在近年成长起来的互联网公司典范，拥有2 000万用户。时代华纳则是一家守旧的媒体公司，虽坐拥珍贵的资产，却对互联网一无所知。

美国在线与时代华纳的合并规模巨大，总价值近 3 500 亿美元，令人难以置信。资深风险投资人罗杰·麦克纳米当时激动地表示："我直说吧，这是我职业生涯中见过的最具变革性的事件。"[7] 传奇企业家特德·特纳的公司早在 10 年前就被莱文并购，当时特纳是时代华纳的董事会成员，持有时代华纳价值 90 亿美元的股票。当被问及是否觉得很难投票支持合并时，特纳说："我投票的热情就像 42 年前我初尝禁果时一样热烈。"[8]

在合并完成后，人们的观点也发生了转变。尽管特纳损失了大量财富，但他夸大其词的态度依然如故。他宣称："时代华纳与美国在线的并购应该像越战、伊拉克战争和阿富汗战争一样成为历史。这是我们国家发生的最大的灾难之一。"[9] 两家公司最有能力的经理人杰夫·比克斯则温和地表示："这是企业史上最大的错误。"[10] 所有的不同计算方式都显示，超过 2 000 亿美元的市值被摧毁了。事实证明，许多企业合并，甚至可以说大多数企业合并，都以失败告终，对受到美国在线与时代华纳合并影响的股东和员工来说，这算不上什么安慰。美国在线与时代华纳的失败是最典型的错误案例。

那么，美国在线和时代华纳的合并出了什么问题？几乎每个地方都出了问题——事实上，这些错误是合并失败的案例手册中的典型错误。只需稍加修改，美国在线和时代华纳的错误合并就能变成从婚姻成败的故事中总结出来的灾难剧本，只需将公司换成人，看看是否适用。

（1）尽职调查至关重要：时代华纳从未进行过适当的尽职调

查（即对目标公司的财务和运营情况进行彻底的调查和审核），这导致他们后来才发现对方存在相当严重的会计欺诈行为。这种欺诈行为是美国在线在20世纪90年代中期高速增长开始放缓时形成的激进营销文化造成的。当公司挂牌出售时，公司通常会美化自己的财务报表。只有通过尽职调查，才能避免犯这种代价极其高昂的错误，例如，惠普公司曾花110亿美元收购Autonomy科技公司，结果却发现其市值不到10亿美元。

（2）填补组织中的漏洞不是一种合并策略：莱文一直在努力适应数字媒体时代，他认为自己可以一举弥补公司在快节奏技术变革中落后所带来的缺陷。公司内部提高这种能力的努力总是遭遇瓶颈，也得不到成功所需的资源。但莱文将赌注押在了与美国在线的合并上，以为这样就可以填补组织中的漏洞。

（3）时间紧迫导致决策失误：莱文感到时间紧迫，因为他在时代华纳的任期即将结束，他必须有所作为。凯斯知道，互联网公司的天价估值迟早会下滑。他们几乎没有听取外部建议（无论是公司内部顾问的建议，还是外部顾问的建议），就冲动地决定合并两家公司。

（4）协同效应总是被夸大：合并中普遍流行的一个词是"协同效应"，即通过合并实体，收购方可以增加收入或降低成本，从而实现价值增长。这种"1+1=3"的逻辑听起来很诱人——我们可以迅速改变另一个组织，从而获得合并带来的巨大价值。对美国在线和时代华纳来说，合并的诱惑就是交叉销售的机会和内容共享的承诺。然而，由于企业文化和营销理念存在差异，这些承诺从未得以实现。在许多方面，美国在线和时代华纳实际上仍然是独立的实体，从未在任何意义上共同发展。

快速改变目标以实现协同效应的虚幻承诺通常伴随着花言巧语和丰富的情感，这会掩盖潜在的挑战。公司合并后的首席执行官迪克·帕森斯就提供了一个生动的例子。在被问及合并事宜时，他说：

> "我们需要与时代华纳的所有内容整合起来，从而创建一个统一的平台，推动融合。融合并非垂直整合的最终表现形式，而是现在我们拥有如此丰富的资源，需要将它们全部整合在一起。合并的目的是打造一个真正的垂直整合公司，使其在攻防两端都具备强大的能力，这不仅是为了保护公司当前的业务运营和内容交付方式，也为了在未来的融合世界中保持竞争力。"[11]

就是这样。

（5）整合成本总是被低估：银行家们在交易之初所做的预测从未能真实反映合并的艰难。整合总部、合并销售团队和后勤办公室听起来似乎很简单，但实际所需的成本和时间却远远超出了所有人的预期。在美国在线和时代华纳的合并案中，当他们甚至无法使用一个统一的电子邮件平台时，整合的痛苦就显而易见了。这正应了那句老话："不合理的期望是你的敌人。"

（6）非对称合并虽看似轻松，但其实价值有限；平等合并虽难度巨大，但能带来高额回报：一方支配另一方的合并（也被亲切地称为"补强型收购"）很容易，因为占主导的一方可以强行实施变革和节省成本。但这种方式也不会创造多少价值。相较之下，平等合并则困难重重，因为这要求双方共同决策，但也只有在这种情况下，"1+1=3"的合并才有可能实现。美国在线和时代华纳的合并案是最糟糕的案例——美国在线误以为自己占据主导地位，而在交易完成和科技泡沫破灭后，时代华纳迅速掌握了主导权。

（7）连续收购者存在问题：这已经是莱文进行的第三笔大型交易了，在此之前，他在处理华纳兄弟和特纳广播公司的巨额合并案中表现出色。能轻松锁定目标公司的连续非对称收购者可能会在收购过程中学到一些东西，从而使他们在未来的交易中更为高效。然而，像莱文这样频繁接手大型并购的连续收购者，往往容易沉迷于交易本身所带来的快感，对真正艰难的合并工作以及合并后实体的管理兴趣不大。

（8）归根结底，关键在于企业文化、"深入调查"和执行力：对合并中的所有金融问题，任何从业者都会告诉你，文化和执行力就是一切。迪克·帕森斯说，"美国在线和时代华纳就像是不同的物种，事实上，它们本质上是天生的敌人"。[12] 促使合并的所谓交叉销售和协同效应的机会也反映了深刻的文化差异。问题不仅在于文化差异，还在于似乎没有人能够胜任执行合并这一艰巨的任务。2009年，当美国在线和时代华纳分拆时，史蒂夫·凯斯仅在一条推文中总结道："托马斯·爱迪生说过：'没有执行力的愿景是幻觉',这几乎概括了美国在线和时代华纳领导层的失败（包括我自己）。"[13]

尽管美国在线与时代华纳的失败提供了一个有关合并的警示故事，并揭示了失败的合并与失败的婚姻之间的相似之处，但它也引发了更深层次的思考。为什么要合并？公司什么时候应该合并，什么时候只要合作就可以了？在金融领域，这些疑问反映了"公司边界"的问题。我们应该在什么时候划定组织的边界，使特定的客户、竞争对手或供应商处于边界之外或之内？这一框架清晰地表明，除了合并，总有其他选择，比如与外部公司签订合同。如果公司可以通过与他人签订合同来获得特定的服务，那么公司为什么还要合并？

从更加个人的角度出发，考虑一下你的日常交通需求。除了公共交通，你如何满足这些需求？现在，人们可以在早晨醒来后选择使用优步，并当场与优步建立契约关系。优步不收会员费，我可以随时进行交易，也可以不交易，这就是现货市场交易。或者，我也可以与汽车经销商签订为期12个月的租赁合约。虽然我并不拥有这辆车，但在一定的里程限制下，我可以随心所欲地使用它。此外，我可以购买一辆汽车，完全拥有该资产。从现货市场交易到合同安排，再到资产所有权，这一连续体构成了我们从另一方得到所需一切的所有方式。

粗略来说，现货市场（如优步）—合同（汽车租赁）—合并（汽车所有权）这一连续体对应个人关系中的单身交友（如约会应用程序Tinder）—同居—婚姻。当然，婚姻并不涉及"拥有另一个人",但它确实对应与另一个人结合的决定——这正是公司边界的逻辑所在。

那么,什么时候应该选择哪种做法,原因又是什么?对经济学家来说,20世纪前20年通用汽车公司与费希博德公司的故事就如同《安娜·卡列尼娜》《米德尔马契》和《简·爱》的结合体,是可以用来阐释调情、承诺、婚姻和爱情的本质的经典故事。

通用汽车公司于1908年成立,在其成立后的10余年间不断收购各大汽车公司,包括生产凯迪拉克和雪佛兰的公司。在此期间,他们向不同的供应商采购汽车车身(即汽车的骨架),其中包括费希尔兄弟经营的费希博德公司。费希博德公司在同一时期也飞速发展,成为凯迪拉克汽车的独家供应商,并在1916年之前生产了37万架汽车车身。

20世纪前20年,汽车车身不断发生变化,全木制车身逐渐被带金属外壳的木制车身所取代,最终演变为全金属车身。木质车身的制造相对简单,金属车身则不然,每种车型都有独特的金属车身需求,而木质车身可以灵活地适用各种车型。因此,车身制造商不得不迅速投资适用于特定车型的金属模具和工厂。到了1919年,通用汽车公司需要费希博德公司投入一大笔资金来制造这些新车身,尤其是当时开放式金属车身(例如敞篷车或福特T型车的车身)正在逐渐被封闭式金属车身取代。

这些车身制造技术的变革要求费希博德公司和通用汽车公司改变他们的合作方式。在此之前,通用汽车公司实际上是在车身现货市场上进行交易,按需订购车身。但在1919年,通用汽车公司和费希博德公司签订了一份为期10年的车身采购合同，通用汽车公司收购了费希博德公司60%的股份，但费希尔兄弟仍继续管理该公司。合同涵盖了两项主要条款——通用汽车公司承诺从费希博德公司购买所有封闭式金属车身（"独家交易"条款），费希博德公司则保证其车身价格是制造和运输车身的成本的117.5%，或与费尔博德向其他汽车制造商收取的车身价格一致（"价格保护"条款）。

到20世纪20年代中期，封闭式金属车身大受欢迎，占据了2/3的市场份额，远远超出了通用汽车公司的预期。而费希博德公司在封闭式车身市场上又占据了50%的市场份额。通用汽车公司希望费希博德公司在通用汽车公司的弗林特工厂附近新建一座专用工厂，以降低运输成本，同时，这能扩大运营规模，从而带来更低的平均成本。

但费希尔兄弟没有这样做的动机，而且事实上他们喜欢之前的模式。由于存在价格保护条款，他们完全有理由将运输成本和制造成本保持在高位，因为利润已经事先确定，而根据独家交易条款，通用汽车公司又不得不从费希博德公司购买车身。到了1926年，通用汽车公司认为无法再忍受这种公司，于是合并了费希博德公司，使之成为自己的一个部门。

就像每年都会有学术会议来讨论乔治·艾略特的小说的丰富内涵一样，通用汽车公司和费希博德公司的合并始终是令经济学者着迷又争执不休的话题。人们花了大量笔墨从不同角度解读这个故事，其中不乏刻板的学术偏见。事实上，《法律与经济学期刊》专门出版了一期特刊，刊登了对这起合并案的其他阐释和解读——考虑到经济学家通常对传闻持怀疑态度，这是一个非常引人注目的现象。虽然对这一故事的讨论众多，但对这个从现货市场交易到长期合同安排，再到合并的浪漫故事，主要有两种解读。这两种解读（交易成本方法和产权方法）都与诺贝尔奖有关（前者与1991年诺贝尔奖获得者罗纳德·科斯有关，后者与2016年诺贝尔奖获得者奥利弗·哈特和本特·霍姆斯特罗姆有关），因此，从学术标准来看，这是一场奖项之争。

或许较为现实的解释是，通用汽车公司与费希博德公司在1926年合并是因为维持彼此签订合同的成本太高。没错，两家公司本可以保持独立，继续签订合同并重新谈判，但起草这些合同的成本太高，两家公司如果合并，就不必反复起草新合同。从某种程度上说，合并的动机仅仅是为了避免重复起草详细的合同，从而节省开支。

简言之，如果可以住在一起，那么为什么要付两份房租呢？我可以用你的医保，这样可以节省不少开支。而且，如果你出了什么事，政府会承认我的权利。避免分居和签订合同带来的所有摩擦，这就证明了超越合同进行合并的决定是正确的。总之，这是一场权宜之下的婚姻。

更有说服力、更浪漫的解释是，费希博德公司和通用汽车公司之间日益深厚的关系需要对彼此的承诺水平不断升级。为什么这两家公司会在1919年首次签订长期合同呢？金属车身的发展迫使费希博德公司必须投资一家只生产适合通用汽车车型的汽车车身工厂，而不是投资一家生产可以适应不同客户需求的木制车身工厂。我不是开玩笑，经济学家美其名曰"关系专用性投资"。费希博德公司担心，一旦建成专用工厂，通用汽车公司就会拥有过多的议价权。最初合同中的独家交易条款确保了通用汽车公司无法行使这种权力，因为通用汽车公司承诺从费希博德公司购买所有的金属车身。

通用汽车公司则担心，独家交易条款意味着一旦通用汽车公司被这项条款锁定，费希博德公司就能获得更多筹码，向通用汽车公司漫天要价。价格保护条款确保了费希博德不会以这种方式投机取巧。简言之，随着双方对彼此的需求越来越大（金属车身的兴起使双方的合作程度比在使用木制车身的情况下更深），对彼此的承诺程度的提高确保了双方能够获取这种关系的全部益处。用经济学的话来说就是：由于存在关系专用性投资，因此需要一种长期的合同安排，而不是现货市场交易，以确保获得最大的共同盈余。

但后来情况变得更加复杂了。合同未能预见到市场对金属车身需求的大幅增长。而这份合同对费希博德公司产生了一种奇怪的激励——他们的劳动力成本和运输成本越高，利润反而越丰厚。因此，他们不愿意在通用汽车公司附近新建一家效率更高的工厂。总之，合同没有预计到所有可能的情况，它必然是不完整的。事实上，合同本质上就是不完整的。我们不可能预见到所有可能发生的情况，而这种本质上的不完整性意味着，在许多情况下，我们彼此过于依赖，以至于我们需要合并，因为不完整的合

第五章　没有金融就没有爱情

同已经行不通了。

这次合并是在双方相互依赖的关系日益加深的情况下发生的，因此必须减少明显的单方激励行为，建立一个统一的实体。对费希博德公司而言，要转向完全特定关系专用性投资（在通用汽车公司的弗林特工厂旁边新建一家专门为通用汽车公司生产汽车车身的工厂），需要有一定的确定性和承诺，这超出了两家独立公司之间必然不完整的合同所能提供的。这一转变，以及随之而来的所有投资，将为双方创造更大的共同盈余。但只有合并，才能让费希博德公司自信地迈出这一步。

这次合并非常成功，费希尔兄弟继续和通用汽车公司合作了20年。通用汽车公司首席执行官艾尔弗雷德·P. 斯隆认为，这次合并在通用汽车公司与福特汽车公司的持续竞争中起到了"决定性"作用。在接下来的数十年里，通用汽车公司蓬勃发展，成为世界上最大的汽车公司。事实上，直到20世纪80年代初，通用汽车上一直有"费希博德车身"的标记。通用汽车公司与费希博德公司之间的合并，是我喜欢的合并形式，这一合并不是权宜之计，而是真爱之举。

他们从此过上了幸福的生活。

事实上，并非所有的汽车爱情故事都有如此美好的结局。1896年，当亨利·福特还在捣鼓汽车原型时，哈维·费尔斯通为他提供了第一条充气轮胎。1900年，费尔斯通成立了费尔斯通轮胎公司，而福特也于 1903 年创建了福特汽车公司，他们的关系一直很密切，以至于费尔斯通获得了福特 T 型车的轮胎供应合同。T 型车堪称传奇，从 1909 年到 1927 年，T 型车的销量高达 1470 万辆。

他们的生意和私人合作关系逐渐开花结果。20 世纪 20 年代中期，他们共同前往加利福尼亚州选址，这次共同行动的直接结果就是他们都在对方位于洛杉矶的工厂附近建立了大型工厂。托马斯·爱迪生、费尔斯通和福特（当时公认的美国工业界三巨头）与博物学家约翰·巴勒斯一起，组成了"四大流浪者"（Four Vagabonds）。在 20 世纪前 20 年，他们每年都会斥巨资去野外露营，探索自然，有时甚至美国总统也会加入他们。

直至 20 世纪 70 年代末，甚至在 1988 年费尔斯通轮胎公司被日本公司普利司通收购之后，福特汽车公司与费尔斯通轮胎公司之间的合作关系依然十分牢固。但在 20 世纪 90 年代末，双方的合作关系受到了严峻的考验。这是因为多达 200 人的死亡与福特探险者 SUV（运动型多功能汽车）及其所使用的费尔斯通 500 轮胎有关。探险者 SUV 的翻车事故率高得离谱，但原因不明——是探险者 SUV 本身容易翻车，还是轮胎容易发生胎面分离，进而导致了翻车？

福特汽车公司和费尔斯通轮胎公司不但没有共同找出问题所在，反而解除了合作关系。福特指责费尔斯通的公司生产的轮胎不合格，费尔斯通则指责福特为了追求舒适性而不顾安全性，推荐不正确的充气量（即最初的"泄气门"事件）。媒体称这一事件为结束了"百年好合"的历史性"离婚"闹剧——其中充满了指责，只有长期合作关系的解体才能产生这种指责。

费尔斯通轮胎公司通过一封信终止了与福特汽车公司的所有供应关系，信中指责福特汽车公司试图通过不适当地将注意力转移到轮胎上来掩盖事实。信的末尾写道："商业关系和个人关系一样，都是建立在信任和相互尊重的基础上的。我们认为无法继续向福特汽车公司供应轮胎，因为我们的合作基础已经受到严重破坏。在经历了近100年的合作历程后，这对我们来说也并非一个轻松的决定。"在这份痛苦的声明中，美国商界中最伟大的伙伴关系也以不光彩的方式画上了句号。[14]

这段合作也不是什么都没有留下，相反，其影响十分深远。亨利·福特的孙子老威廉·克莱·福特和哈维·费尔斯通的孙女玛莎·派克·费尔斯通是通过双方的母亲介绍相识的。在私密书信往来之后，他们于1947年结为伉俪，那时他们还是学生。这段婚姻从各个方面来看都是美满的，他们育有4个子女，后来还买下了美国国家橄榄球联盟的底特律雄狮队。他们的其中一个孩子是小威廉·克莱·福特，在翻车丑闻曝光时，他是福特汽车公司的董事长。就这样，作为哈维·费尔斯通和亨利·福特两家的后代，小威廉·克莱·福特亲手毁掉了他的两位祖辈开创的企业合作关系。

或许，金融之外爱情真的存在。

剧终。

第六章

美梦成真

会议可能会让人头脑麻木，而 2013 年 7 月 12 日在伦敦大学学院召开的教职工会议更是乏味至极。当天一名教工被抬进会场，在即将卸任的教务长身旁落座。他平常待在回廊尽头，当天他一言不发，被列入"与会但不投票"人员名单。虽然这听起来可能相当平常（或者从你对于会议的看法来讲，这也可能是一种理想状态），然而这位教工去世已经接近 200 年了，与会的是他保存完好的骨骼标本。他的骨骼平时被保存在回廊后的木柜里。

什么样的人才能受到如此礼遇呢？何等古怪的人才能留下这么奇怪的传统，并确保在身后这一传统也能被贯彻执行呢？有谁

第六章 美梦成真   129

会离奇到随身携带一对玻璃假眼，以便有朝一日快速保存自己的遗体？这位不同寻常的绅士就是杰里米·边沁，作为启蒙运动哲学家，他高瞻远瞩，在19世纪早期就倡导普选等政策。

杰里米·边沁是功利主义学派的奠基人。他首次提出，评判社会政策的标准应该是看其能否提升全人类的福祉。"最大多数人的最大幸福是道德和立法的基础。"边沁认为这句简单的箴言源自约瑟夫·普里斯特利。这句名言在当时非常激进，时至今日仍是许多经济和哲学分析的基础。

边沁也是第一个为信用和杠杆理念辩护的人。他与亚当·斯密就贷款问题各持己见，展开争论，最后在这件事上他们的立场一反常态。一贯大力倡导市场的亚当·斯密，却主张限制市场，而激进的改革派边沁支持不受约束的债务市场。

在《国富论》中，亚当·斯密主张贷款利率上限应为5%。这种逻辑体现了对借款人根深蒂固的偏见。亚当·斯密提醒道，如果利率超过上限，那么只有"挥霍浪费的人和投机的人"[1]才会贷款，而有借贷需求的人根本不会贷款。他认为借贷利率的不同只会本末倒置，有价值的项目将无法获得贷款，经济中将充斥着不良风险。从这一点来说，他的理论与持续数千年的对贷款厌恶之情一脉相承。

边沁将他与斯密的系列信件以《为高利贷辩护》为题发表，信中他对斯密关于限制利率的观点进行了批判。他指出，出借人为了保护资金，会对借款人进行筛选和监管，亚当·斯密忽略了这一点。边沁提出："这样就有双重机制来衡量项目的价值。其中一种筛选机制,更偏向于否定那种没有价值的投资项目。"[2]从广义上来看,亚当·斯密的观点与他自身所倡导的经济自由不一致。边沁援引亚当·斯密的观点提醒他:"国王和大臣们最无礼和傲慢的行为,是假装监管私营经济。"[3]

边沁一针见血地阐释了信贷市场的重要性,他的观点尖锐,令人信服。边沁认为,像亚当·斯密这样缩小借贷范围,只保证信誉良好的借款人获得贷款,只能给那些有贷款需求的"传统"借款人提供便利,但阻碍了革新者实施可行但有风险的项目。亚当·斯密"一刀切式地批评"那些"所有为了赚钱贸然进入新的领域,尤其是新的创新渠道"的人。[4] 他支持"用最安全的方式在传统领域开展业务"的做法。取缔高利率和贬低借贷会阻碍创新和发展,与经济自由的理念相悖,也没有必要,因为出借人自己会保护资金安全。

亚当·斯密与边沁在杠杆理论上的冲突,用威廉·莎士比亚的《威尼斯商人》中戏剧性的解决办法来处理再好不过。推动戏剧发展的情节是巴萨尼奥向夏洛克借贷,安东尼奥则是担保人。安东尼奥无力偿还债务,多亏巴萨尼奥的新婚妻子鲍西娅足智多谋,否则夏洛克便要行使债权,割下安东尼奥身上的"一磅①肉"。就像边沁和亚当·斯密一样,夏洛克与安东尼奥在利息的正当性上存在分歧。正如他所说,他痛恨安东尼奥,因为"他借钱给人不要利息,影响了威尼斯的高利贷行情"。[5] 对违约的安

---

① 1磅≈0.45千克。——编者注

东尼奥的审判是对正义的嘲弄。外来犹太人夏洛克进行复仇，却在威尼斯这个亲近基督教的地方受到了残酷惩罚。威尼斯人明知自己需要借贷，却诋毁犹太人的放贷行为，这是对借贷的偏见。而这种偏见也是边沁极力反对的。

但是，《威尼斯商人》中借贷的作用远非推动情节发展那么简单。推动情节发展的除了债务的增加，还有个人义务的增加。巴萨尼奥向安东尼奥借钱，后者又向夏洛克借贷，夏洛克的钱则是朋友图巴尔的。安东尼奥跟巴萨尼奥的关系，就像诗人威斯坦·休·奥登所说，是"将效用与责任联系起来的无尽义务"[6]，这种义务是以爱为基础的。巴萨尼奥欠安东尼奥的人情，因为后者使他有了向鲍西娅求婚所需的资金。鲍西娅因为嫁给了巴萨尼奥，不得不搭救安东尼奥。安东尼奥最终因为她营救自己而欠下人情。鲍西娅和安东尼奥事实上在争夺巴萨尼奥的感情，鲍西娅是赢家。正如批评家哈利·伯杰指出的那样，她明白如何"让受益人咬住感激和义务的鱼钩"。[7]在这部戏剧对婚姻的描写中，作者多次使用了"纽带"（bonds）这个词，这个词也意味着契约，不仅暗指婚姻关系是种契约关系，也反映了夏洛克对安东尼奥的一磅肉具有所有权。

奥登认为这部戏剧表面上是在讲借贷，事实上是在讲更深层次的人际关系。他指出"这部戏剧多次提到爱这个词，这样的剧目为数不多"。[8]奥登把戏剧世界跟封建社会相比，认为《威尼斯商人》中的人物享有建立关系的自由，但是伴随而生的责任也是巨大的"。[9]借贷不仅意味着金钱瓜葛，也会产生捆绑人际关系的纽带。

金融界人士比边沁更喜欢杠杆这个概念。除了我们稍后会讨论的杠杆的实质性好处，用"杠杆"这个词听起来比直接说"借钱"更令人印象深刻。但是在金融领域中，杠杆实际上就等于借钱。金融从业者一提到杠杆就情绪激动是情有可原的。杠杆既有可能缔造巨额财富，又有可能造就严重损失，具体结果取决于能否正确管理杠杆。但什么是适当的杠杆管理呢？

我们从最基本的问题开始讨论。金融从业者为什么把借贷称为"杠杆"？与金融领域的其他很多问题类似，原因并不复杂。杠杆是一种工具，想象一下撬棍，它能够让你撬动自己无法撬动的物体。杠杆在某种程度上很神奇，因为它能让你的施力成倍增长，让你完成没有它就不可能做到的事情。就像阿基米德所说的那样："给我一根足够长的杠杆和一个支点，我就能撬动地球。"

这正是学生、房主和商人这些借钱的人所希望的。先说说房主，假设你有100美元用于买房（要想更有趣，可以在这个数字后面加0，想加多少个都可以）。如果你不能使用杠杆，那么你能买到多大的房屋？买完之后账上还有多少盈余呢？

如果你不能贷款，你就只能买价值100美元的房屋，你的资产负债表包含100美元的房产，你用100美元的所有者权益购买房子。现在引入杠杆，也就是能够贷款购房。为了简单起见，假设你的贷款额度能够达到房产总价的80%，你现在就能买500美元的房子，资产负债表也大不一样。你现在有500美元的房屋资产，需要还款400美元，还有100美元的所有者权益。（参见图6-1）

第六章 美梦成真　　133

在上面两种情况中，你都拥有100美元的价值（你的所有者权益）。在第二种情况中，你可能住进更大更好的房子。从很多方面看，杠杆能让我们住上原本住不起的房子。

教育贷款是一样的道理。基于我们现有的收入和财富，我们无力支付学费，但是完成学业很可能帮我们未来获得更高收入，过上更好的生活。所以，我们通过贷款获得求学机会。融资对公司和企业家而言，是获得现有资源之外的资源的手段，这种逻辑与个人教育贷款的逻辑类似。控制你本来得不到的更多资源，比只控制现阶段拥有的资源的回报要大得多。

资产	负债和净资产
房产价值100美元	100美元所有者权益

资产	负债和净资产
房产价值500美元	400美元按揭贷款 100美元所有者权益

图6-1　资产与负债/净值图

杠杆还有更多的好处。它不仅能让你住进原本住不起的房子，还能大幅提高你的收益。在没有杠杆的情况下，如果房价上涨10%，那么你的财富只能增加10%。房子价值100美元，所有者权益110美元（也就是说，资产负债表必须平衡）。然而，如果你使用杠杆，你的财富就会增长50%，房子价值550美元，贷款400美元，所以你的所有者权益从100美元涨到了150美元。

现在你该明白为什么金融从业者喜欢杠杆了吧？你不仅可以住进更大的房子，还能获得更高的回报。当然房价并非只升不降。假设房价跌了20%。如果你不用杠杆，你的财富就会少20%，也就是会少20美元。如果你使用杠杆，你就会失去全部100美元的财富。杠杆会同时放大损失或收益。

当然还有一点，贷款是意义重大的承诺。出借人为了自保，有权利规定出借资金的用途，这就是契约，如果你违反契约，出借人就能向你收取罚金，甚至没收你的资产。比如，未经出借人同意，你不能新增负债。这些机制帮助出借人确保你不会乱用他们的钱。更重要的是，如果你无法持续偿付，出借人对你和你的资产拥有追索权。对有房产的人来说，这意味着可能会失去房产。公司如果不能定期支付利息，就可能会破产。

那么，一家公司应该承担多少杠杆呢？金融提供的最简单的答案是，公司需要反复权衡借贷带来的税收优势与债务带来的风险。由于支付利息可以抵税，借贷具有一定的优势。简言之，无论是公司通过贷款购买设备，还是个人通过货款买房，政府都会允许你缴纳更少的税款，从而实现税收减免。

而在风险方面，过度负债会让企业陷入困境，负债累累的公司甚至在破产前就会经营不善。随着公司的经营变得不稳定，高价值员工就会跳槽离职，客户也会因为担心公司倒闭而停止购买其产品。此外，供应商会因为担心收不回货款停止供货。通过权衡这些经济困境的成本和借贷带来的税收优惠，企业可以确定合理的杠杆水平。

私募股权行业尤其需要进行这种权衡。在私募股权交易中，收购方经常通过"杠杆收购"（即借贷来收购），将杠杆不足的公司的资产抵押，用借来的钱买断老股东的股权，从而将公司"私有化"。哪类公司适合这种交易呢？那些利润高的公司，这样才能最大限度地抵税，而且它们的经营模式稳定，因此不容易出现财务危机。想想烟草公司，或者更好的例子是赌场。它们的利润丰厚，不需要进行技术创新（因此中断风险也低），还有嗜赌的顾客。只要你不贪得无厌，举债过多，又懂得运营，对赌场使用杠杆会得到一定的回报。你如果做不到这些，就会破产，甚至多次破产。

借款人面临的核心问题是，怎样才能寻求外部资源获取更多机会呢？这个问题跟激励我们很多人的问题很像：我如何过上充实的生活呢？生活中很多事情都需要他人的帮助。结婚、组建家庭、交有价值的朋友、工作、创业，这些创造价值的活动凭一己之力无法完成。要得到他人的帮助，你需要做出承诺，而这些承诺也会约束你。简单地说，如何通过承诺让自己融入更广泛的人际关系网，会决定你最终的人生轨迹，这就像债务通过提供换取承诺的资源来塑造公司的发展轨迹一样。

从乔治·奥威尔和杰夫·昆斯这两位截然不同的艺术家的故事中，我们可以清楚地看到，公司的杠杆决策和我们生活中的承诺存在相似之处。奥威尔完成《1984》的历程表明了相互依赖的代价和低杠杆生活的优势。他还证明了孤独、独立，还有与世隔绝对完成伟大作品的重要性。二战结束后，奥威尔作为记者艰难谋生。为了维持生计，仅在1945年一年，他就写了11万字以上。然而他知道这种写作方式让他心力交瘁。他告诉多萝西·普洛曼，"写新闻稿让他窒息"，他还对友人安德鲁·高说，"当记者让我越来越像一个被吸干的橙子"。[10]

为了创作《1984》，他明白自己必须远离尘嚣。他给朋友阿瑟·凯斯特勒写信说："每个人都来邀请我做讲座，委托我写宣传册，参加这个或那个活动，凡此种种。你不知道我多渴望从中解脱出来，有时间去构思。"[11]1946年，奥威尔开始隐居于朱拉岛，在这个被他形容为"人迹罕至"的位于苏格兰赫布里底群岛的地方，他度过了数年。[12]他在这里汲取创作灵感，并写就了《1984》。奥威尔从这种几乎没有承诺和义务的低杠杆生活中受益良多。

选择了低杠杆生活的艺术家会觉得换种方式生活困难重重。索尔·贝娄的小说精彩绝伦，他也尝试过写作戏剧，这项工作需要更多地跟导演、制片人和演员打交道。这种尝试让他更加偏爱小说创作："写小说与文字为伴，深居简出，这种孤独换来的是高度的自主。写戏剧能享受合作的乐趣，代价是不能自己说了算。"[13]同样地，相较于大型合作项目，贝娄褒扬了独立制片的好处，他指出："庞大的团队一碗水端平，让每位团队成员的想象力都有空间展现是不可能的。团队的庞大预算可能会使那些充满激情的艺术家变成呆板的官僚主义者。"[14]在与众人多次打交道之后，贝娄觉得自己的才思日渐枯竭。

尽管贝娄并不认可承诺、合作和杠杆的好处，其他艺术家对此却推崇备至。也许没人比杰夫·昆斯更推崇了。艺术评论家彼得·施杰尔达在2014年称赞昆斯是"当今世界上现象级的艺术家"。[15]昆斯花了20年才创作完成大型装置艺术作品《橡皮泥》，这个作品是铝制的，高达10英尺①。他是如何承担这样宏伟的项目的呢？他靠的是杠杆。

20世纪80年代早期，由于创作作品所需的胡佛真空吸尘器和其他现成品的造价提高，昆斯开始白天在华尔街担任棉花期货交易员，以此为下班后的艺术创作提供资金。昆斯在华尔街学到了如何利用杠杆。凭借9岁起就上门推销包装纸和巧克力所积累的销售经验，他对销售驾轻就熟。只是当时他售卖的是期货合同，期货合同能够让你在将来按约定价格出售商品，不管商品现在是否为你所有。除了没有设定固定的价格，昆斯的艺术品销售也采用了与期货合同类似的逻辑。

昆斯自称"是个创意生产者。我不参与制造，因为我不具备必要技能，所以我去找顶尖的人合作，与我的铸造工厂塔里克斯合作，或找物理学家合作。"[16]就像施杰尔达所说："他设计的大型装置要求他不断升级奢华的原料和使用精细的制作工艺，经常采取提前出售作品的模式来筹集制作费用（收藏家往往要等待数年才能获得所购藏品）。他赚的钱越多，花的钱也越多，他在切尔西有一个雇用了125名员工的工作室。"[17]昆斯将杠杆在作品制作过程中的作用描述为"一个控制每个手势的系统，就像我做的那样"。[18]

说到杠杆，施杰尔达认为与安迪·沃霍尔相比，昆斯是"在市场上冲浪，而且不止一次险些全军覆没"。他的经销商经常因

---

① 1英尺≈30.48厘米。——编者注

金融的智慧

他施加的压力破产，他的客户则不得不继续投资，为他不断上升的成本买单。就像作家菲利克斯·萨尔蒙所说，昆斯甚至在还不知道如何制作作品时就把作品卖给了收藏家，从而颠覆了艺术作品的传统商业模式。

萨尔蒙认为："昆斯采用的商业模式和赞助模式有相似之处，家底丰厚的赞助人给艺术家支付费用来换取艺术家的艺术成果。但是昆斯颠覆了这个模式，他让收藏家为他自己效力，而不是反过来让自己为收藏家效力。发号施令的不是收藏家，而是他自己。"[19] 有人嘲笑昆斯，萨尔蒙则认为："昆斯的做法很有意思，其他艺术家很少这样做。他把金钱变成了艺术，而不仅仅是把艺术变成了金钱。"[20] 我认同萨尔蒙的观点。

昆斯使用工厂和融资手段与奥威尔选择独自努力截然不同。这种差异也代表了我们在生活中面临的种种抉择的不同之处。奥威尔孤军奋战，完全自主，享受着独自创作的充实和喜悦。昆斯则走上了另一条道路。他融入了更广泛的关系网络，接受了各种取舍，运营团队来为自己的艺术服务。从金融的角度看，奥威尔就像是一家全股权融资公司，为了发展而选择不受任何限制和不做任何承诺。昆斯则更像是一家杠杆收购公司，为了尝试更宏大的计划，他承担了很多义务，受到了诸多限制，同时面对相应的风险和回报。

那你是像昆斯还是像奥威尔呢？适合自己的生活是最有益的。跟公司的杠杆选择一样，我们大多数人会走中间路，而且这种选择的影响会体现在我们的职业生涯和个人生活中。成功的婚姻和友谊，本质上需要相互依存和妥协，但也提供了没有相互依存关系就无法获得的体验。选择生孩子就是典型的杠杆，这一选择会对你的人生产生重大影响。你对孩子付出的情感和金钱超乎想象，孩子也会为你打开不可思议的新世界的大门。

在工作上，个人的才能可以让你成就伟业，团队合作则能将你对世界的贡献无限放大。但与此同时，这也会让你牺牲自我，接受妥协。成功的企业家起初可能像奥威尔那样独立思考和行动，但最终必须变得更像昆斯那样，学会依赖团队合作。尽管创意可能会在你的头脑中萌芽，但要将这些创意转化为生意，必然需要与他人建立众多的相互依赖关系。

我有时候也这样看待我的生活，然后意识到自己承担的风险。我和妻子都是全职工作者，工作繁忙，而三个孩子还很年幼。我们尽量与人为善，善待家人。最终，按我们的标准，我们正在努力过上一种高度杠杆化的生活。不论是对个人还是对雇主，我们都做出了重大承诺，对孩子尤其如此。这样我们才能竭尽全力过上对世界产生最大影响的生活。然而，这个过程错综复杂，结果未必是成功的。我经常问自己：我们是否通过高杠杆充分利用了人生？还是会承担过多的责任，从而伤害最亲近的人？

在借助杠杆撬动人生的时候，大家会犯什么错误呢？最显而易见的错误就是做出太多承诺，承担过多责任，却无法兑现这些承诺。这个问题会在下个章节我们探讨财务困境和破产的时候涉及。然而，人们普遍会犯的错误会是什么呢？关于企业及其融资决策的一个核心事实与我们的生活息息相关。从大多数指标来看，企业并未充分利用杠杆。它们似乎没有充分利用权衡理论指出的优势，因此杠杆率仍然偏低。个人也有同样的趋势，人们倾向于逃避承诺和义务，这其实也是一种自我设限。对遗憾的研究表明，产生遗憾的主要原因是逃避承诺，比如未接受教育机会、错失感情联系和忽视子女。

难道杠杆只是帮助我们实现梦想的美好工具吗？事情真的这么简单？任何承担巨大债务压力的人都能证明采用杠杆所带来的困难。学生贷款和房贷能改变我们的生活，但为此做出的承诺甚至会阻碍你追寻原本的梦想，当你背负沉重的学生贷款时，你会自问为了那些梦想是否能够承担更多额外的负担。这种问题有个不详的名字"债务积压"。这个概念指的是由于先前存在的承诺放弃做自己应该做的事情。

想想一位房主贷款 80 美元去购买一栋价值 100 美元的房屋。如果房价跌到 70 美元，他就会"资不抵债"，因为他欠的钱比他的资产价值还要多。现在假设他能花费 25 美元扩建房屋，让房屋增值 30 美元，那么他应该扩建吗？

一般人会说："肯定应该啊。这项投资很划算，投入 25 美元，得到 30 美元。"但是在这个例子里，房主花费 25 美元扩建，而事实上收益中会有 10 美元优先付给出借人来弥补房价下跌的差价，因此房主只会获得 20 美元，这项投资对他来说就不划算。而真正有趣的是，如果房主选择扩建，出借人就能赚更多。但出借人往往犹豫不决，不愿意做出使房主获得合理的激励的妥协。本该顺理成章的扩建因为房主已做出的债务承诺而无法进行。这种债务积压，在一定程度上造成了可怕的房产危机。2009 年美国有 1/5 的房主出现资不抵债的情况，在房价暴跌等因素的刺激下，拥有更高额贷款房屋社区的房价将难以避免地进一步降低。

应该怎么办呢？出借人应当接受损失，这样房主才能实现自身利益最大化。出借人则会因此而获得更高的收益。遗憾的是，出借人往往不愿意承担这些损失。

石黑一雄在《长日留痕》中对史蒂文斯面对的债务积压的描绘令人揪心。史蒂文斯人生中既往的承诺像阴霾般挥之不去。他是一名模范管家，战时他在牛津郡为达林顿勋爵效力。暮年的史蒂文斯回顾了自己的一生，慢慢意识到自己错失了与女管家肯顿小姐相爱的良机，也错失了人生的良机。

在回忆与肯顿小姐的初识过程之前，史蒂文斯岔开话题，指出"高级管家谈婚论嫁，会对工作极其不利"，而且他认为追求爱情是"对职业精神的玷污"。[21] 对他这样一个满脑子都是尊严和义务的男管家来说，爱情这种东西是匪夷所思的。而肯顿小姐与他共事 10 多年后，对他日久生情，希望两个人不仅仅是工作关系。肯顿小姐数次暗示懵懂的史蒂文斯，史蒂文斯却不断否定自己日益加深的情愫。

最终肯顿小姐开始接受其他追求者，但是她想给史蒂文斯最后一次机会。她告诉史蒂文斯自己有新的追求者，并刺激他说："史蒂文斯先生，依我看，你肯定是一个心满意足的人。毕竟，现在你处于职业巅峰，工作领域的方方面面均在你的掌控之中。我真想象不出你在生活中还会追求些什么。"[22]

斯蒂文斯放弃了一个摆在面前的机会，因为他对达林顿勋爵和自己的职业充满了责任感和奉献精神。他对肯顿小姐说："在我看来，肯顿小姐，我的职业目标是看到勋爵建功立业。只有当勋爵完成工作，能够满足于已有的荣耀，尽全力满足了别人的合理需求时，肯顿小姐，我才能像你说的那样，称自己为一个心满意足的人。"[23]

在史蒂文斯人生中最重要的两个晚上，他将职业责任置于个人情感需求之上。他未能在父亲临终前照顾父亲，也错过了肯顿小姐给他的最后一次机会。奇怪的是，这两次错失最终竟让他产生了对自己职业精神的自豪感。[24]这种彻头彻尾的奉献精神近乎殉道——甚至可以说是一种自虐。

数十年后，肯顿小姐离开达林顿府邸远嫁他人的婚姻并不幸福。达林顿勋爵热衷于外交事务，但由于遭人利用误入歧途，最后被众人诟病，人们认为他策划了内维尔·张伯伦对阿道夫·希特勒采用的绥靖政策，最终，他的声誉一落千丈，蒙羞去世。史蒂文斯又怎么样了呢？

与肯顿小姐再次重逢并意识到自己与爱情失之交臂后，史蒂文斯说道："我为达林顿勋爵殚精竭虑，如今我已经倾尽所有……能给的我都给了。我把一切都献给了他……我相信勋爵的智慧。这么多年我侍奉他，我相信自己在做着有意义的事情……但这些事真的有意义吗？扪心自问，这有什么尊严可言？"[25]

杠杆的风险有两点，在下一章我们会讨论破产的风险。破产是由做出太多承诺但无力维系它们导致的。债务积压的风险则更为普遍。金融强调的关键生活技能，是调整现有的承诺，并做出

第六章 美梦成真

新的承诺。债务积压是无法协调现有的承诺,从而无法接受新的机会的表现,牵涉其中的各方的利益都会蒙受损失。史蒂文斯就是如此,他害怕做出新的感情承诺会违背自己的职业承诺,他的这种想法让他这一生都形单影只,感情贫乏。幸运的是,即便出借者有时太过蠢笨,不愿意改变期望,我们仍然能够调整现有的承诺,感情、工作、社会关系,当需要的时候都必须被调整,这样我们才能从头再来。有时候,就像史蒂文斯一样,唯一阻止我们改变的其实是我们的恐惧。

金融对处于公司生命周期不同的阶段的公司应如何使用杠杆的阐述,体现了杠杆的利弊。因为杠杆会限制投资,从而损害公司的利益(正如我们刚才看到的那样),因此面临不确定性和很多潜在投资需求的公司,特别是成立不久的公司,应该限制杠杆。同样地,对经营不善、不稳定的公司来说,使用杠杆只会加速它的灭亡。我们期待能看到公司杠杆呈现驼峰形轨迹——有发展活力的年轻公司避免债务,成熟的公司利用债务,经营情况欠佳的老公司则最好降低负债水平。

所谓的消费平滑生命周期假说表明,我们的经济生活也明显有一个相关模式。经济学中有个难题,就是人们如何保持消费水平(不仅包括食物开销,还包括房屋、各种体验等其他消费)的稳定。尽管我们一辈子的收入会有波动,但我们的消费水平基本恒定。这是如何做到的呢?年轻时,我们需要消费但缺乏资源,于是我们借贷。随着年龄的增长,我们偿还债务,为退休储蓄,这样就能在不同时段维持大致相同的消费水平。

在我们的生活中，我们的承诺和杠杆遵循不同的顺序，但表现出类似的逻辑。我们不指望孩子在婴幼时期就回报养育之恩，只想让他们接受养育。随着孩子长大，在保证安全的前提下，我们开始让他们承担责任和义务，让他们对这些概念日渐熟稔。到中年后，我们背负对配偶、子女、工作和社区的承诺。到了老年，连最轻松的事情都会让我们不堪重负，于是我们开始减负。我自己的家庭也有类似的变化。随着父母年事增长，我们（事实上是我的姐姐）开始想办法为他们分忧解难，他们以前擅长的财务管理也由她打理。幸运的是，他们规划周全，提前搬到小房子居住，积极储蓄，简化生活。我们其实不需要提供很多帮助。

在女儿身上，我也面临类似的问题。责任和义务的概念，什么时候该让她们知道？又该怎么传达呢？我们该如何安排家务，让她们各司其职，习惯接受这些事情，但又不错失童年的快乐？我们经常徘徊在两者之间，犹豫不决，既想让她们了解杠杆，又想保护她们不被杠杆拖累。

最重要的是，我常常会从我的女儿们的角度思考这些问题，以及她们对自己的投资——也就是所谓的"人力资本"。我和妻子结婚较晚，这让我们在20多岁的时候能够无牵无挂，把时间和精力更多倾注在提升自己的能力和工作上，这让我们现在获益良多。至少现在我们回想起来，其中的利弊都十分明显。现在我们的孩子还很年轻，这个年纪可能并不是她们养育孩子的最佳时期，而等她们长大，我就快退休了。但与此同时，正是这种选择才让我能和我的妻子在未成家之前以最具优势的方式进行自我投资。倘若我们更早地组建家庭，承担家庭责任，我们俩都不会取得现在的职业成就。

试想当女儿长大，在24岁的时候向我表达她想结婚成家的愿望时，我不知道我会如何回答。我内心深知成家后她身上的责任会让她无暇顾及自己。要加大杠杆迈入人生的新阶段，以后再说不迟。然而想到成家立业的好处，我又不禁替她欣喜若狂。

目前为止，杠杆似乎是一系列权衡。你可以举债购房，但你的财富并不随之增长。你确实可以住进更好的房子，但财务风险也随之而来。同样地，想要利用杠杆的公司也要在税收减免和风险之间权衡利弊。小说家贝娄和艺术家昆斯的例子说明，生活中的杠杆的运作规模也许完全不同，但是这些承诺会产生义务，还会让你在某种程度上身不由己。如何权衡都取决于你是什么样的人，想过什么样的生活。

然而现代金融表明，杠杆还有其他作用，类似于某种杠杆红利。经济学家迈克尔·詹森注意到公司很少使用杠杆，他认为杠杆能够解决现代资本主义的主要问题。他认为，管理者并非总能全力为股东服务，这就是我们前面探讨过的委托-代理问题。管理者不愿意使用杠杆，说明他们不愿意束手束脚，这样他们才能从事其他活动，而这些活动可能并不有利于股东。自然而然，结论就是使用杠杆能够限制管理者，让他们无法仅满足自身的利益，损害股东的利益。事实上，杠杆束缚了管理者的手脚，对他们有约束作用，能够让他们为股东谋利。用詹森的话说，就是"无力偿还债务的威胁成为一种有效的激励力量，促使这些组织提高效率"。[26]

詹森举了一个石油行业的典型例子。20世纪80年代油价下跌之后，管理者没有停止石油勘探，这与商业逻辑背道而驰。公司不将现金红利回馈给股东，而是继续投资石油勘探和不相干的公司。一部分原因是，当时公司有很多闲置资金且无须对任何人负责。用强制偿贷来束缚他们的手脚，就能防止他们挥霍资金。这就是杠杆红利。

在生活中使用杠杆也有类似的好处。詹森的看法，是基于管理者在实现与股东利益相悖的目标时产生的冲突。这样的冲突在我们身上很常见。我们经常明白什么事该做，也对其表示认同，但出于种种缘由，实际上并没有这样做，无论是锻炼、戒烟，还是花更多时间和孩子待在一起。事实上，对很多人来说，根本问题是自制力不足。而最佳解决之道，就像很多研究表明的那样，是向他人做出有意义的承诺，来确保自己做正确的事情。可以是跟朋友打赌，赌注很大，也可以是办昂贵的健身会员卡，或者是强制储蓄。就像债务可以约束现代公司一样，这些承诺也有一样的效果。它们能够减少你的选择，从而增加你做正确事情的可能性。

杠杆红利的逻辑可以进一步延伸。融入高要求的人际关系并做出承诺，能让你成为更好的自己。IBM（国际商业机器公司）的创始人托马斯·沃森曾建议年轻人："不要在舒适区交朋友。要跟那些会迫使你进步的人待在一起。"[27]对聪慧且要求高的人做出承诺，能让我们不做蠢事，也能让我们从中获益。杠杆作用的结果不是零和游戏。

除了提高效率和提升自身水平，融入有意义的人际关系对你自身大有裨益。20世纪30年代末，精神病学研究专家乔治·范伦特对哈佛大学的本科生进行了一项名为"格兰特研究"的跟踪调查，这项研究成为持续时间最长的生理和情感发展纵向研究。通过追踪受试者70多年的生理和情感数据，范伦特和他的同事提供了一些很有说服力的证据，揭示了长寿和幸福的秘诀。用乔舒亚·伍尔夫·申克的话来说，他们得出的结论看似非常简单。

范伦特的另一个兴趣是研究人际关系的力量。他写道："让人能够长寿的是社交能力，而非超群的智商或父母的社会阶层。"温暖的人际关系是必要的，如果从父母那里无法获得，也可以来自手足、叔伯、朋友和导师。他发现，除了防御机制（如何应对逆境）这个因素，男性在47岁时的人际关系情况，比其他任何变量都更能预测男性对晚年生活的适应程度。手足亲厚尤其有帮助：65岁仍然健康的男性中，有93%的人在年轻时跟兄弟或姐妹关系亲近。2008年3月，在"格兰特研究"团队发给受试者的通讯采访中，有人问范伦特，"从测试对象身上学到了什么"，范伦特的回答是，"生命中唯一重要的事情是你与他人的关系"。[28]

对他人的承诺不仅为我们提供了取得更大成就的动力，也为我们提供了生存和发展所需的情感寄托。

杠杆力量的逻辑在人与世界的关系方面得到了最有力的体现。最有价值的杠杆，或许是同事、朋友和邻里对你的尊重。人们对你的理解和尊重，能让你调动资源，拥有很高的自由度。事实上，托马斯·杰斐逊对声誉价值的看法让我们回到了阿基米德和他提出的杠杆的作用。1814年12月，在给何塞·科雷亚·达塞拉的信中，杰斐逊写道："我一直认为要向好的榜样学习。与学习反面案例相比，这样更光荣，更有益。人们对你的美誉，就像阿基米德的杠杆，有了给定的支点，就能撬动世界。"[29]

许多人都渴望过充实的生活。边沁说过，超出能力范围，依靠杠杆获得更多资源，合乎情理，这是让我们的生活富有成效和丰富多彩的秘诀。是否选择运用杠杆来建立有意义的关系，反映出你的偏好和品位，你可以像奥威尔那样孤军奋战，也可以像昆斯那样依靠团队。但是，不要惧怕杠杆，使用杠杆能为你赋能，相较于其他方式，能让你取得更大的成就。最关键的是，我们会用高标准要求自己，对他人承担责任，因此我们会更加可靠，变得更好。我们的人生会更丰富，我们会更长寿，同时会推动世界进步。

20世纪90年代初，昆斯遭受重挫。1994年，他在离婚中挣扎，他的职业生涯也面临考验，而他的父亲就在此时过世了。他当时正在雄心勃勃地创作"庆典"系列作品。这个系列的作品包括多个巨型彩色雕塑，由鸡蛋、气球狗和爱心组成。然而他的完美主义让他付出了代价。他花35 000个工时让人绘制了一个彩蛋，却因为彩蛋不够完美而丢弃了它。合作的几个经销商和铸造厂还未完工就破产了。昆斯自己的工作室原本有100多个人，现在只剩下两个人。

然而昆斯并没有放弃高杠杆的作品制作方式。他重新寻找经销商提供资金，在之后10年中完成的该系列作品让他声名鹊起。2014年，惠特尼美国艺术博物馆在整栋大楼中展出昆斯的作品，这是史无前例的事情。他用高杠杆孤注一掷，获得了巨大回报。

昆斯似乎对杠杆的力量了然于胸，并且将它与艺术紧密联系起来。在谈到自己的标志性雕塑《大力水手》时，他将艺术的力量和杠杆联系起来。在该作品中，卡通人物一头扎进打开的菠菜罐头里，变身大力超人。昆斯在观看这一作品时评论道："你在这儿会有一种超越的感觉……大力水手吃了菠菜，成为力量的化身，我认为这就是艺术。菠菜就是艺术。艺术能够改变生命，拓宽生命的广度。"[30] 很难找到比这更好的对杠杆的定义了。谁能想到菠菜、艺术和杠杆会联系在一起呢？

2014年，赌场大亨史蒂夫·韦恩花了2 800万美元购入了这个作品。他的父亲利用杠杆在康涅狄格州建造了一个宾果游戏厅的小帝国。他的父亲在韦恩19岁的时候离世，并留下了30多万美元的债务，他被迫从大学辍学。他没有气馁，向西来到拉斯维加斯闯荡，打下了一片江山。以金砖酒店为开端，他睿智地运用了杠杆的力量，建立起自己的帝国。如今，《大力水手》雕塑矗立在拉斯维加斯永利酒店漫步大道购物中心的入口处，这里是杠杆造梦的家园。

第七章

在失败中前行

1789 年，乔治·华盛顿着手组建内阁，以帮助这个新生且不稳定的国家站稳脚跟。他深知国家正处于财政困境之中，因此成立了财政部。鉴于国家面临的财政困境，选择谁来担任首任财政部长至关重要。好在华盛顿心中早已有了理想人选——一位备受他信赖的挚友。他不仅拥有非凡的人生经历，还具备无可挑剔的财务信誉，这个人就是罗伯特·莫里斯。

罗伯特·莫里斯是谁？难道财政部长的最佳人选不应该是亚历山大·汉密尔顿吗？

如果不是因为几次重大的抉择，那么莫里斯的头像现在或许会出现在 10 美元钞票上，或许也会出现在理查德·罗杰斯剧院的招牌上了。和汉密尔顿一样，莫里斯的童年很不幸，他被父母抛弃了。幸运的是，他在费城一家知名的航运和金融公司找到了一份实习工作。凭借自己的聪明才智，他得到了提拔，与公司老板的儿子一同管理公司。莫里斯是坚定的爱国者。美国历史上，仅有两人不仅签署了《独立宣言》，还签署了《邦联条例》和《美利坚合众国宪法》，他便是其中之一。1781 年，华盛顿根据《邦联条例》任命莫里斯为第一任财政总监（财政部长一职的前身）。任职期间，莫里斯成立了美国第一家中央银行——北美银行，旨在解决年轻的共和国的财政困境。

然而，这些角色并非华盛顿称他为"革命的金融家"的原因。莫里斯在关键时刻用自己的信用担保军需品，包括用个人借据为独立战争提供担保，使得华盛顿在 1781 年关键的约克镇战役中扭转了战局。为什么他的个人借据与货币一样强大？当时，莫里斯在商业上取得了巨大成功，用法律学者布鲁斯·曼的话来说，"在美国经济中，类似的人物 J. P. 摩根和老约翰·洛克菲勒直到一个世纪后才出现……莫里斯是共和国早期最现代的经济人物"。[1]

华盛顿在需要财政部长时，显然有充分的理由去找罗伯特·莫里斯。但莫里斯拒绝了这一邀请。由于急于集中精力重建在独立战争中耗尽的财富，莫里斯推荐汉密尔顿担任这一职务。你可能已经在拍着额头问自己："他到底在想什么？"但是，这个选择金钱而放弃为国家服务的戏剧性故事还有更精彩的地方。

起初，莫里斯在重建财富方面取得了巨大成功。他的北美土地公司是美国历史上最大的土地信托公司（也可以说是第一个房地产投资信托公司），拥有超过 600 万英亩[①]的土地，比较一下，新泽西州的面积还不到 500 万英亩。此外，他还拥有纽约西部的大片土地，以及后来成为美国永久首都的华盛顿 40% 的土地。

这样一位爱国者、金融家和政府官员之前为何没有引起你的注意呢？别太沮丧，在许多关于独立战争时期的描述中，对这位巨人的描述都沦为脚注。因为历史往往是由胜利者书写的，而莫里斯最终并没有成为胜利者。他的房地产公司建立在高额杠杆之上，几位合作伙伴以各种方式欺骗了他。到 18 世纪 90 年代中期，在被提议担任财政部长 5 年之后，莫里斯就无力偿还债务，只能退隐乡村躲避债主了。

最终，莫里斯的债主找到了他。在那个时代，无法偿还债务者往往会锒铛入狱，还得向狱警支付一定费用，以换取在监狱中的一些特权。他彻底失去了名誉。由于无法履行承诺，莫里斯在监狱中度过了三年。1801 年获释后，他又过了 5 年默默无闻的生活。如今，他被埋葬在费城基督教堂的一块不怎么起眼的墓地里，距离当年关押他的监狱遗址仅相隔几个街区。

一个曾是美国建国初期最富有的人，本有望成为首任财政部长，竟在去世时一贫如洗，只能在大多数历史书的脚注部分出现对他的描述。不得不说世上没有后悔药……

---

① 1 英亩 ≈ 4046.86 平方米。——编者注

然而，莫里斯确实留下了一笔至今都未被充分重视的遗产。19世纪费城名人乔舒亚·弗朗西斯·费希尔认为，罗伯特·莫里斯的破产"就像一场小地震，每个人都在颤抖，担心头上的屋顶会塌下来"。[2]乔治·华盛顿甚至不惜冒着感染黄热病的风险去监狱与莫里斯一起用餐。莫里斯黯然失势的消息震惊了全美。然而，莫里斯留下的主要遗产是，他的经历引发了人们对这个年轻国家应如何看待失败和财政困境的深刻反思。这种重新审视的结果是产生了"破产"这一现代概念，事实证明，它是理解所有失败非常好的指南。破产的复杂性，正如对美国航空公司的个案研究显示的那样，揭示了我们生活中至关重要的相互矛盾的承诺。

正如布鲁斯·曼所解释的那样，1800年，这个年轻的国家经过10年努力制定的第一部全国性破产法很快正式颁布了，这是对莫里斯的入狱的直接反应。"对许多人来说，莫里斯沦落到如此地步是不可思议的……国会最终在12月开会审议该法案，这是在两个街区外正在监狱庭院中踱步的那位'伟人'本人的影响下进行的。这是第一次实质性的国会辩论。"[3]

在1800年以前，无法偿还债务的人被视为道德上的败类。因此，监禁债务人的现象屡见不鲜。实际上，历史上对债务人的惩罚包括没收财产、披枷带锁示众、监禁、肢解，甚至死刑。清教的布道称没有比负债更糟糕的命运，而且债务无论如何都要得到偿还。莫里斯沦落至此，导致对待破产者的方式发生了变化，布鲁斯·曼指出，这一情况创造了"关于失败法则的一个里程碑"。[4]

失败将被重新定义，它不再意味着道德败坏或罪恶。根据美国 1800 年的破产法案，失败只是承担风险的自然结果。如果失败是承担风险的结果，法律就必须随之改革，不能再以债权人的利益为唯一考量因素。惩罚债务人并不具有建设性，也不太人性化。事实上，新共和国迫切需要冒险者，但在 18 世纪 90 年代末期，对其施加严苛的惩罚妨碍了商业的繁荣发展。要让这个年轻的国家蓬勃发展，就必须重新定义失败，并减少与之相关的道德污名。

这种转变的一个例子是，历史上只有债权人才能宣布债务人破产。然而，1800 年的法案打开了一扇门，允许债务人自行申请破产。现如今，我们认为这是理所当然的——公司和个人可以选择破产，而不是被迫宣布破产。但在 1800 年破产法案颁布之前，债务人无法通过破产程序寻求保护——法律一直在保护债权人的权益免受无情和不负责任的债务人的侵害。

随着债务人的破产方式发生变化，债务的"解除"可以在债权人的同意下进行，这为商业代理人提供了重新开始的机会。事实上，1801 年，莫里斯在被免除了 300 多万美元的债务后获得释放，因为法院和他的债权人都意识到，他没有任何资产来偿还债务。莫里斯从此获得了自由，与妻子一起靠着朋友提供的微薄资助维持生计。

法律对待失败的态度的转变引发了人们更深层次的共鸣。当我们自己或他人遭遇失败时，我们应该摒弃将失败视为道德缺陷的观念。在承担风险的过程中，失败不可避免，失败应被看作一种不利的结果，蕴含深刻的教训。将承担风险的不利结果与道德失败混为一谈，会限制我们承担风险的意愿，也会使我们失去从失败中学习经验的机会。如果我们因失败而惩罚自己，这与使债务人披枷带锁示众或将其关进监狱没有什么区别。

不能正视失败的组织实际上有重蹈覆辙的危险，他们不会从失败中吸取教训。我的同事艾米·埃德蒙森研究了在美国国家航空航天局的"挑战者"号航天飞机空难和医院医疗事故等一系列事件中人们对失败的态度。她的结论是，人们必须承认："在当今复杂的工作组织中，失败是不可避免的。那些能比别人更早发现、纠正失败并从失败中吸取教训的人将会成功。而那些沉湎于指责游戏的人不会。"[5]

著名的风险投资公司贝瑟默投资将这一点发挥到了极致，他们公开列出了所有曾有机会投资但最终未投资的公司。他们的"反投资组合"包括谷歌、苹果、易贝、脸书和联邦快递，这些公司都曾被他们忽视或放弃投资。如果要从失败中学习，这些失败就不该被当作耻辱。

不从道德角度定义失败的自然推论是，破产应该为重生提供机会，而不是发出死亡的信号。允许解除债务只是破产法将重心从宣告死亡转移至允许重生的一个例子。要使破产走向重生，最重要的改变必须围绕宣布破产后的程序。从罗伯特·莫里斯到雷曼兄弟公司的破产案例表明，建立一个有序的重生过程是多么重要。死亡与重生这样的语言看似极端，但事实上它渗透于有关破产的法律文献和实践中。正如布鲁斯·曼所指出的："破产法的根本困境一直在于它究竟是要终结企业还是帮助其获得重生。"[6]这也解释了为什么那些收购陷入困境的公司的投资者，即使被称为趁火打劫的"秃鹫"，也依然不会退缩。

在 1800 年破产法案颁布之前，债务人经常受到债权人的追债。莫里斯离开费城和家人，前往乡下躲避追债。他躲在二楼，为了避免被捕，他只能从二楼的窗户吊下水桶与外界进行书面通信。有一次，债权人委托一名警察带着 6 名手持镐头和大锤的男性前往乡下抓捕莫里斯。莫里斯在讲述这一事件时说，幸好当时家里有客人，因为"如果不是房子里的每位客人都被枪瞄准，那些人（警官的手下）6 分钟内就会抓住我"。

与债权人的僵持让包括债权人在内的所有人都付出了高昂的代价。莫里斯的土地被人擅自抢占，被税务官任意没收，这导致土地的整体价值受损。莫里斯的经历表明，破产程序的重点不应该是保护债权人免受那些肆无忌惮、不道德的债务人的侵害，而应该是更好地保护债务人免受蛮横无理的债权人的侵害，因为他们的急躁情绪会降低整体资产的价值。

2008 年雷曼兄弟公司的巨额破产提供了一个较近的例子，说明即使在相对完善的破产制度保护下，无序和混乱的破产也可能会造成巨大代价。雷曼兄弟公司的破产发生在 2008 年，美国政府曾试图通过拍卖和财政援助来挽救它，但最终未能成功。雷曼兄弟公司的破产规模空前，极为混乱，所有人都对其突然倒闭感到震惊。涉及 6 000 亿美元资产的破产文件在没有任何准备的情况下，在一天内草拟并被提交。不出所料，在这场非计划性破产后混乱的数周内,索赔人蒙受了约750亿美元的损失。

那么,什么是有序破产呢?现代企业破产的4个关键特征旨在确保企业在资不抵债的混乱情况下仍有实现重生的可能性,这与我们在生活中遭遇挫折和失败时所需的东西有相似之处。首先,宣布破产的同时会实施"自动中止"——在此期间,债权人不得向债务人提出索赔,以确保不会出现混乱,同时债务人可以制订一个有序的破产计划。其次,破产过程由作为仲裁人的公正观察员监督——事实上,直到20世纪,监督破产的法官和受托人才被称为仲裁人。这些仲裁人的职责是确保处于竞争关系的各方取得平衡。

再次,聘请专业顾问(律师、银行家、会计师)提供帮助,以取得最佳结果。外部帮助和意见被认为是至关重要的,因此顾问费用成为公司资产中优先支付的债务。最后,给予债务人中止期,使他们能够提出一项计划——这项计划对任何企业从破产中复苏至关重要。该项计划应该注重如何以前瞻性的方式创造公司的最大整体价值,而不是专注于如何在索赔人之间分割公司的资产。

破产引发的混乱——债务人在一套不可持续的承诺下挣扎,而债权人又提出紧急且矛盾的要求——与我们跌跌撞撞的生活如出一辙。生活中的高杠杆往往导致我们做出超越自身能力的承诺。指导我们在失败中取得建设性成果的那套商业逻辑,在我们自己的生活中同样适用。失败后贸然行动是不明智的。在制订前瞻性计划时,寻求帮助至关重要。这个计划必须承认失败和无法履行的承诺，但其目的应该是确保在未来你能够充分发挥自己的作用。与其把失败当作自我鞭挞的机会，不如把它们视为重生的机会。给自己创造一些喘息的空间（自动中止），寻求帮助（从家人、朋友和专业人士那里），并开始朝前看，而不是向后看（撰写一份重生计划）。

我最重大的一次学术失败发生在我结束 MBA 课程并决定攻读博士学位的时候。在硕士毕业后，我做出了一个非同寻常的选择，去印度待了一年，然后回国攻读政治经济学博士。我知道自己在数学和统计学基础方面有欠缺，但没想到竟会如此力不从心。直到博士的第一个学期，我彻底搞砸了微观经济理论的期中考试，才意识到这一点。在参加考试的时候我盯着那本蓝色的试题册，呆若木鸡，只能潦草地写一些几乎答非所问的东西。我得到了一个 B-，但很明显，老师出于仁慈给我打了这个分数，因为我的分数全班最低。

我曾多次怀疑自己选择的非传统道路，也深知还有其他出路。我原本打算先打电话给不久前向我提供工作机会的招聘人员，但最终我还是决定先去找教授谈话。那次谈话我至今记忆犹新。他没有询问我的背景，也没有评估我是否适合这个专业，更没有表现出不耐烦。他只是耸耸肩，说："这种事情时有发生。"他没有试图让我感到内疚或怀疑自己，也没有给我任何保证。他最大的善意是含蓄地告诉我应该将考试失利抛在脑后。因为他的仁慈和智慧，那次考试失利对我来说是一个新的开始，而不是持续的失望的源头。

到目前为止，我们已经看到，管理破产和财务困境的过程有一个前提原则，那就是我们不应该将失败视为耻辱，而应将其看作重新开始的契机，外界帮助、耐心和周密的计划则是危机过后冷静应对的秘诀。然而，事情真的如此简单吗？我们是否应该轻易原谅那些失败者，让他们重新开始？这就是破产的全部意义吗？

虽然有些破产和倒闭纯属不幸，但大多数破产和倒闭涉及的选择在道义上是复杂的。以那些有能力继续还贷，但房屋价值已经低于房贷价值的购房者为例，2008年金融危机之后，许多人都陷入了这样的困境。他们应该放弃房子，让银行承担损失，还是应该继续偿还房贷？这种情况十分复杂，因为违背承诺会引发几个道德问题：承诺意味着什么？如果我违背承诺，谁会遭受损失？如果我不违背承诺，受损的又会是谁？在住房的例子中，这个问题就是："如果我放弃我的房子，我的邻居会遭受损失吗？如果我不这样做，我的孩子会不会受到影响？"

1982年，24岁的杰勒德·阿尔佩加入美国航空公司。2001年，他成为运营部主管。2001年9月11日在美国联邦航空管理局下令停飞之前，他就做出了停飞美国航空公司所有航班的勇敢决定。在21世纪前10年担任首席执行官期间，他再次受到了考验。他的所有主要竞争对手都宣布破产，以便重新与工会劳工就昂贵的养老金和劳动合同进行谈判（有人会说其违背承诺）。只有美国航空公司没有利用破产与工会讨价还价。对阿尔佩来说，这是一个道德问题："你可以说我是老古董。但我认为公司应该回报员工。我认为公司应该兑现对员工和社会的承诺。"[7]

到了 2010 年，随着许多竞争对手宣布破产和相互合并，美国航空公司仍然在困境中挣扎。阿尔佩仍然面临来自外界的巨大压力，即要求他将破产作为重组工具，但他依然坚决反对，他说："在一个经常会迫使你对原则进行妥协的行业里，我仍然相信原则。从长远来看，我们履行对债权人的承诺，为养老金计划提供资金，并尽最大努力以协商一致的方式完成所有工作，这对我们的机构和股东都是有益的。"[8] 因为他的品格，他被誉为首席执行官的楷模。美国前参议员、美国航空公司前董事会成员戴维·博伦说："他对公司和公司员工的真正忠诚，在美国企业界是罕见的……如果我们有更多像杰勒德·阿尔佩这样具有责任感、品格和能力的人，这个国家会变得更加美好。"[9]

到 2011 年，阿尔佩被他任命的董事会主席汤姆·霍顿和其他董事会成员逼得走投无路。2011 年 11 月 29 日，霍顿和董事会投票决定让美国航空公司破产，同日，阿尔佩辞职。阿尔佩在离职时没有得到离职补偿，主张破产的霍顿接管了公司。美国航空公司的破产律师说："兹事体大，关乎公司的生死存亡。"[10] 事实上，美国航空公司宣布破产时手头有近 50 亿美元的现金。正如霍顿明确指出的，他们的处境难以为继实际上是由于"他们相对于竞争对手的成本状况"，这一差距源于公司在劳动合同和承担的养老金义务方面存在不同。破产将使他们能够重新谈判这些合同，也会给工会施加更大的压力，迫使工会做出让步。他们首先采取的措施就是宣布与劳工达成的集体谈判协议部分无效，而这种举动在没有破产法的保护下几乎是不可想象的。

阿尔佩反思道："我相信，尽力兑现承诺对公司的声誉和最终的长期成功至关重要。无论是在公司层面还是在个人层面，认为自己可以置身事外的想法都是不可取的。"他的承诺为他赢得了许多崇拜者。《纽约时报》在美国航空公司破产的第二天刊登了一篇关于阿尔佩的专栏文章，题目就是《一位首席执行官的道德立场》。

美国航空公司破产案以及阿尔佩对破产的抵制，说明了我们中的许多人对破产感到不安的原因。是的，金融教导我们对待失败者要宽容，让他们有机会东山再起。但是，放弃承诺是否正确？难道人们不应该对自己的承诺负责吗？如果我们容许人们在破产或遭遇其他失败时不受任何指责或惩罚，难道他们不会滥用破产这种选择吗？这样一来，破产不再意味着失败，反而可能成为一种战略性的重新谈判工具。事实上，像美国航空公司这样的破产被称为战略性破产。这一切听起来颇有特朗普的风格。

美国航空公司的破产事件引发的道德不安在其他情境中也许并不罕见。我在工作中唯一不喜欢的事情就是给学生评分和统计考勤。哈佛大学商学院对出勤纪律要求极为严格，因此，报名一门课程就意味着必须信守上课承诺。由于对案例研究进行富有成效的讨论需要每个人的投入和参与，这一承诺的重要性更为凸显。哈佛大学商学院还实行强制性的分级曲线，规定排名最后10%的学生必须被评为不及格，缺课是影响学生是否成为这10%的关键因素。因此，我不可避免地要在微观层面上保证学生成绩评定的公正性。

有时候，问题似乎很简单：学生因家人去世而旷课，是否可以被原谅？当然可以。但在通常情况下，事情又没那么简单："有个雇主让我坐飞机去面试，我能请假吗？""我崇拜的风险投资人要来学校做讲座，我想去听，这是一个千载难逢的机会，我能请假吗？""我一觉醒来头痛欲裂，我能请假吗？""我明天有个作业要交，需要赶时间完成，我能请假吗？"这些只是我们在职业生涯中可能会遇到的问题的一小部分——有些人可能会违背他们对共同目标所做的承诺，然后请求原谅。

我通常对请假的回应是："可以，去吧。"但我也会有疑虑："真的可以吗？"为什么这种个人承诺要优先于你对整个班级的承诺？你知道承诺之后要做什么，因此你必须承担后果。事实上，如果让他们得逞而不付出代价，那么我是不是在助长一种不负责任的背信弃义精神？我是不是在暗中惩罚那些尽管头痛欲裂，但仍然努力兑现承诺的学生？我那样回应，是不是因为我知道，那些找借口不上课的学生最终会在学期末跑来找我抱怨成绩不理想？那么，我的那句回应到底在激励学生做什么呢？

简言之，我的疑虑是："他们为什么不能都像杰勒德·阿尔佩那样？他们为什么不能信守承诺？"接着我意识到，责备他们不能像阿尔佩一样遵守承诺是我对工作唯一不喜欢的部分，于是我又开始轻描淡写地说："可以，去吧。"

与我们可能遇到的各种情况相比，这些例子都显得微不足道。例如，一位好友向你寻求建议，因为他在考虑与结婚 10 年的配偶离婚——这场离婚将不可避免地对他们的两个年幼的孩子产生重大影响。在这种情况下，你会如何建议他考虑对妻儿做出的承诺？你是否可以简单地说："你需要做对自己有利的事情。"或者你是否可以说："你不能这么做，因为你已对他们做出了庄严的承诺。"

归根结底，这就是破产决策如此令人担忧，也如此有趣的原因。破产事件之所以能引发我们的共鸣，是因为它们关乎我们对承诺的态度，以及如何应对相互冲突的义务。像"你应该永远遵守你的承诺"这样的绝对道德准则，或者像"忽略那些承诺，做对你来说正确的事情"这样简单的回答，都是不够的。生活中最艰难的时刻是责任和义务发生冲突时不知如何应对它们的时刻——正如破产决策的本质是如何应对公司或个人做出的一系列相互冲突的、看似不可持续的承诺。

哲学家玛莎·努斯鲍姆在其著作《善的脆弱性》一书中，精确地探讨了义务冲突这一难题，并对伊曼努尔·康德等人关于义务的绝对主义观点提出了疑问。努斯鲍姆对康德的批评颇为严厉，但她的基本观点是正确的：对康德的观点的解读表明，康德认为不存在义务冲突。如果你遇到了冲突，那只是因为你还没有想清楚你的义务或责任的正确排序——想清楚后，就不会有冲突了。在康德看来，做一个有道德的人意味着履行责任，而这些责任是明确的、绝对的。康德会喜欢阿尔佩的。

努斯鲍姆认为，这个世界要复杂得多，她用希腊悲剧中的例子来证明，过上美好的生活并不意味着简单地正确排列义务的优先次序，然后履行相应的义务。生活并不是井然有序的，它是混乱而复杂的，因此，义务的冲突是常态。努斯鲍姆认为，也许与我们的直觉相反，应对这些相互冲突的义务恰恰是美好人生的关键所在。

例如，在埃斯库罗斯的《阿伽门农》中，众神要求阿伽门农在率领士兵参战时献祭女儿伊菲格涅亚，以确保安全通行。阿伽门农处于两难困境，一方面要忠诚于诸神与军队的命令，另一方面要保护自己的女儿。如果他拒绝献祭女儿，那么将会有很多人死亡，包括他的女儿。阿伽门农痛苦不堪："违抗命令罪孽深重，但亲手杀死女儿——我的掌上明珠，祭坛旁被屠杀的女儿的鲜血将染红我的双手，这同样罪大恶极。两者哪一个不邪恶？"[11]

印度教经典《薄伽梵歌》明显地表现了在相互冲突的责任之间挣扎的中心思想。这个故事以勇士阿周那为中心，他在战场上内心非常煎熬，因为他意识到自己要杀死站在对方阵营中的许多人，而那些人都是他的家人。正如合唱团建议阿伽门农迅速行动一样，奎师那也劝告阿周那，尽管承担了相互冲突的义务，但还是要履行与家人作战的责任，或者用T.S.艾略特的名句来说："不是永别，而是扬帆前行，航海的旅人们。"[12] 阿伽门农最终选择了杀死自己的女儿，阿周那也选择了与家人对抗。努斯鲍姆概述了这些相互冲突的责任引发的悲剧是我们生活的本质，她认为阿伽门农或阿周那并不能简单地通过对责任进行排序来更好地处理这种情况。

这些看似夸张的戏剧性故事与我们当下的生活有何关联？

1988年，努斯鲍姆在接受比尔·莫耶斯采访时，将希腊悲剧与她自己身为职场妈妈面临的挣扎进行了类比。她没有轻信"全力以赴"或"兼顾一切"这类简单的建议，而是承认了这些竞争性义务之间本质上的紧张关系，并接受了围绕这些义务持续所做的挣扎。她认为这种挣扎正是对她丰富多彩的生活的一种反映。在努斯鲍姆看来，深刻感受这些竞争性义务所带来的混乱，正是美好生活的本质所在。她在《善的脆弱性》一书中写道："我的价值体系越丰富，我就越容易接受这种（冲突的义务）可能性；然而，试图避免这种可能性的生活最终可能会是空虚贫乏的。"[13]

从美国航空公司破产案中，你也可以看到类似现象。2011年11月29日（美国航空公司申请破产当天），美国航空公司的股价暴跌80%，跌至每股0.26美元，许多债券持有人遭受了重大损失。但事实上，整个2011年，美国航空公司的经营都困难重重。股价在2011年初为每股7.76美元，在申请破产之前已经下跌至每股1.25美元。由于阿尔佩拒绝申请破产，美国航空公司面临越来越大的威胁：由于飞机制造商对美国航空公司能否存续至支付飞机款项那一天表示怀疑，美国航空公司更新旧机的努力受阻；其他伙伴航空公司开始质疑与美国航空公司的代码共享协议；还有传言称飞行员将在美国航空公司仍有偿付能力的情况下集体退休，以获得高额养老金；此外，还有人质疑信用卡公司是否会继续为购买美国航空公司的机票提供便利。这些潜在的事态发展将产生破坏性影响，美国航空公司即将面临灭顶之灾。

事实上，许多人声称，阿尔佩拒绝破产使美国航空公司陷入了更大的风险——他早就应该宣布破产，以给美国航空公司争取最佳的长期生存机会。在美国航空公司内部，阿尔佩的下属称他们在破产前采取的是"缓兵之计"，其核心是根据"可能性而非必要性"原则进行决策。[14]

破产的实际进展令人瞩目。全美航空公司是一家规模小得多的航空公司，其首席执行官嗅到了"血腥味"，因此意欲乘人之危，提议进行平等合并。接替阿尔佩的首席执行官霍顿拒绝了全美航空公司的首席执行官，因为美国航空公司的规模要大得多。霍顿随即着手工作制度改革，并与劳工重新谈判，将美国航空公司每座位英里[①]的劳动力成本（即每位乘客每飞行一英里美国航空公司所承担的劳动力成本）从 4.25 美元降至 3.50 美元，接近其他主要航空公司的水平。此外，养老金也被完全取消。

美国航空公司的工会对破产申请引发的一连串举动感到愤怒。为了寻求更多的谈判筹码，他们直接与全美航空公司的首席执行官私下会谈，策划了一项并购计划。当全美航空公司首席执行官透露了这一消息后，霍顿意识到并购是不可避免的，于是重新回到了谈判桌前。2012 年，美国航空公司的运营状况有所改善，这得益于劳动力成本的降低、飞机的更新、新联盟的建立以及意外的油价下跌，这一系列因素为美国航空公司与全美航空公司的谈判增加了更多的筹码。在最终宣布的并购方案中，美国航空公司最终获得了合并后的实体 72% 的股份，而不是最初提议

---

① 1 英里 ≈ 1.61 千米。——编者注

的50%。在获得反垄断批准后，美国航空公司于2013年12月9日摆脱了破产状态。由于霍顿与工会之间积怨已久，全美航空公司的首席执行官成了合并后实体的新任首席执行官。霍顿在任时间仅为两年多一点儿。

最终，在美国航空公司申请破产时购买过美国航空公司股票和债券的人在两年内获得了5~10倍的投资回报。没有抛售股票的持股人很快就收回了全部损失。不过，劳工的情况就不容乐观了：据估计，美国航空公司通过重新协商劳工合同，每年节省了超过10亿美元的开支。

如今，美国航空公司是世界上最大的航空公司。在申请破产时，美国航空公司和全美航空公司（包括这两家公司的支线航空公司）共计拥有115 530名员工，其中全职员工达到100 896人。到2015年底，美国航空公司（包括其支线航空公司）的员工增至118 831人，其中全职员工102 744人。2015年，美国航空公司报告的利润超过70亿美元，该公司首席执行官称，这是美国航空公司有史以来报告的最高利润。

如何看待这个悲剧故事？谁是故事中的英雄？我以前的学生吉姆·杜贝拉是在美国航空公司工作了25年的资深飞行员。现在，杜贝拉这样评价霍顿和阿尔佩："人们广泛讨论谁是真正的'功臣'。作为一名失去了大笔退休金的人，我理应站在阿尔佩一边。但是，作为一名学商科的人，我认为阿尔佩应该更加务实……霍顿敏锐地意识到需要采取行动，他也果断地采取了行动。作为首席执行官，你必须做事果断，清晰地传达公司的战略。否则，你就会失败。在阿尔佩先生的领导下，我们没有真正团结一致。说这些话实在令人心痛，因为我非常尊敬阿尔佩先生。至于霍顿先生，他的果断起到了一定作用，但他永远也无法重新赢得员工的信任了。"[15]

霍顿做得对吗？阿尔佩呢？阿伽门农呢？

那么，从破产的爱国者、失败的航空公司，到献祭女儿的父亲，这些悲剧故事对我们如何过上美好生活有何启示呢？努斯鲍姆认为，教训不是逃避相互冲突的义务，而是接受它们。在与比尔·莫耶斯讨论欧里庇得斯的戏剧《赫卡柏》时，她提炼出了美好生活的真谛。赫卡柏的故事很难让人从中获得启迪。她失去了丈夫，从王后沦为奴隶，经历了巨大的挫折，但她对命运的反应很平静。赫卡柏将自己最小的孩子托付给了朋友波利墨斯托国王，但当她得知正是波利墨斯托国王杀害了自己的孩子时，她再也无法平静以对。为了复仇，她将利刃刺入了朋友的双眼，并杀死了他的两个孩子。这个骇人听闻的暴力故事教给了我们什么道理？努斯鲍姆的想法如下：

> 我认为显而易见，她这样做并非因为她是个坏人，而恰恰因为她是善良的。她拥有深厚的友谊，她的道德生活就建立在这些友谊之上。因此，这部戏剧传达了一个令人不安的理念：成为好人的前提是，你的道德总是有可能被一些你无法控制的事情摧毁。成为一个好人意味着要敞开心扉，愿意接纳世界上各种不确

定的事物，即使它们不能完全被你掌控。在极端情况下，这可能会让你崩溃，而这并不是你的错。我认为这充分说明了过上有道德的生活的一些条件。过上有道德的生活建立在对不确定性的信任之上，建立在愿意暴露自己的基础之上。有道德的生活更像是一株植物，而非一颗宝石，虽然相当脆弱，但正是这种脆弱赋予了有道德的生活独特的美。[16]

我们都是脆弱的生物，都在破产的边缘徘徊，在相互冲突的义务中挣扎，而当我们深切关注生活中的事物时，这些义务便显现出来。正如哲学家查尔斯·桑德斯·皮尔斯所言，如果我们不去深切地感受这些相互冲突的义务，并因此拒绝不确定性，那将是一种错误。

回到美国航空公司的例子，阿尔佩似乎把自己视为一颗明珠，对如何掌控未来充满了坚定的信心。他也是一个康德主义者，深信绝对的义务规则。努斯鲍姆认为，这种绝对主义虽令人着迷，但如果我们不承认义务之间的相互冲突，不去面对这些冲突带来的艰难选择，那就是在逃避责任。从这个意义上说，霍顿也许就是在所有这些冲突的义务中挣扎的脆弱植物，在破产程序的泥潭中挣扎，试图为公司找到脱离困境的出路。也许，正因为他的"道德立场"，霍顿才是更适合登上《纽约时报》专栏的首席执行官。

我无意倡导破产，或建议你将霍顿作为楷模。我也不认为努斯鲍姆会支持赫卡柏的道路。但努斯鲍姆确实认为，悲剧可能是试图追求美好生活的后果的一种表现："我必须不断地在相互竞争的、显然不可比拟的物品中做出选择，而这些情况可能会迫使我陷入一种境地，在这种境地中，我不能不对某些东西抱有幻想，或做出一些错误的事情……所有这些，我认为不仅是悲剧的素材，而且是活生生的实践理性的日常事实。"[17] 同样，破产无法用简单的道德框架或决策规则来处理。相反，破产是一个应对冲突的义务的过程，就像追求美好生活一样。

第八章

人人都痛恨金融的缘由

在最后一章，我想暂时跳出金融与日常生活的交集，转而关注一个不同的问题。假使金融的概念如我前文所述那样高尚，那为什么世人对金融的印象却往往如此单一和负面？进一步来说，假如金融对生活有积极影响，为什么人人又都痛恨金融呢？我们又该怎么办呢？

1935 年，爱尔兰作家詹姆斯·乔伊斯在写给女儿的一封信中，推荐了一个特别的故事，并称其为"世界文学史上最伟大的故事"。[1] 乔伊斯的文学成就斐然，这个受他青睐的故事与金融息息相关，这个故事中的许多观点也是我们之前讨论过的。另外，这个故事也诠释了人人都痛恨金融的缘由。

这个故事从一个名叫帕霍姆的农民开始，他抱怨自己总是不得不向附近的一位地主支付罚款，因为他家的牲畜常常会误入这个地主的农场。因此，当他听说地主可能要出售那一大片农场土地时，为了避免继续赔付，他开始盘算买入一小块地。但是他也知道，自己买不起多大的地。

金融解救了他！帕霍姆很想抓住购买土地的机会，于是借了一大笔钱用来买地。这一举动生动地展示了杠杆的力量。在交易过程中，帕霍姆首先支付了定金以确保购地权。同时，他如愿以偿得到了融资。这和2 000多年前泰勒斯首次使用期权来创造选择和承担风险的做法如出一辙。帕霍姆额外又借了一笔钱去购买种子，在丰收之后，他顺利地偿还了欠债，成为"名副其实的地主"。[2] 帕霍姆"感到满心欢喜……以前他骑马经过那片土地时，并没有觉得它与其他土地有什么不同。但如今，那片土地对他而言完全不同了"。[3]

故事的其余部分蕴含了更多金融道理。例如，农民破产后低价出售土地，对选择作物的风险的讨论，通过公社共担风险的例子，以及购入土地时进行估价的必要性。事实上，这个故事可以作为金融学的入门教科书。

帕霍姆却变得闷闷不乐。成为地主后，他向其他农民收取罚款，并因此与其他农民产生了嫌隙，这让他坐立难安。他搬到了土地更充足的地方，并巧妙地利用杠杆原理，再度购入更多土地。"他觉得一切都十全十美。然而当他安顿好自己的新生活后，

他又开始嫌地少了。"⁴

帕霍姆遇到一名商人，商人告诉他，在遥远的地方有个巴什基尔部落，巴什基尔人拥有肥沃的土地，而且没什么防备心。帕霍姆就告别妻子，带了一大堆东西，想贿赂巴什基尔人出让大片土地。他安顿下来跟部落长老商谈购买事宜，讨好当地人。当他问价的时候，部落长老回答："我们的土地价格是固定的——一天 1 000 卢布。"⁵ 帕霍姆很困惑，因为他期待得知每英亩土地的价格。长老向他解释说，一天内能走多远，走过的土地都是他的，而价格是一天 1 000 卢布。

帕霍姆欣喜若狂，想着即将获得大片土地，就欣然同意了。但前提是，如果日落前他没回到起点，他的钱财就会被没收，也不能获得土地。在熬过一个不安的噩梦缠身的夜晚后，帕霍姆跟巴什基尔人一起选定了起点，在日出时出发了。

一开始一切顺利，他对眼前这片肥沃的土地一见倾心。顶着炎炎烈日，他筋疲力尽。眼看太阳快要下山了，他急忙跑回起点。这时他呼吸急促，身体脱水，惊慌失措。他突破了自己的极限，终于在太阳落山那一刻跑到了起点。

而后，他倒地身亡。

作者列夫·托尔斯泰在故事的结尾写了下面这句话，回答了故事的标题——"一个人需要多少土地？"提出的问题。

"帕霍姆的仆人举起铁锹，帮主人挖了一个墓穴，长 6 英尺，正好合乎他的身高，然后将他安葬了。"⁶

托尔斯泰在故事开始时便为这样的结局埋下了伏笔。魔鬼曾在帕霍姆的梦中出现，他正是始作俑者。故事一开始，帕霍姆告诉妻子："假使我坐拥大片土地，我便连魔鬼都无所畏惧！"[7] 魔鬼听到后，回应道："我便赐你足够多的田地。有了这些土地，你终将臣服于我。"[8] 一开始，魔鬼让帕霍姆顺利买卖土地，在他内心种下嫉妒和贪婪的种子，再眼睁睁看着帕霍姆被贪婪和嫉妒掌控。

其实，跟帕霍姆一样，我们许多人都说过类似的话。或者说"只要我们能再赚多少，我们就会干嘛"。有时候，我们也讨论"数字"，金融从业者经常谈论需要积攒多少财富，他们才能追寻真正的梦想。

托尔斯泰在小说中描绘的这种贪得无厌的欲望，是人们对金融的一种普遍文化认知。这种认知在那些以金融为主线的故事中表现得尤其明显。

我最喜欢的金融小说是《金融家》，它于1912年出版，作者是西奥多·德莱塞。德莱塞曾是一名记者，他对所有金融细节把握得恰到好处。小说的主人公弗兰克·阿尔杰农·考珀伍德的原型是强盗大亨，他的中间名暗示了作家小霍雷肖·阿尔杰作品具有的那种阳光天真的气质。作为谨慎的银行家的儿子，考珀伍德一直在找寻人生的意义。当母亲告诉他伊甸园的故事是智慧之源时，他并不满意这个回答。在他脑海中挥之不去的是在附近宠物店内发生的一幕。一只龙虾正在慢慢地吃掉乌贼，乌贼则挣扎求生，最终死去。考珀伍德认为这一幕囊括了一切。"这件事让他印象深刻，并大致解答了过去一直困扰他的谜题，生命是如何组织的？答案是，生物链，就是这样。"[9]

13岁时，考珀伍德路过拍卖会。他自己没有钱，从父亲那里借钱花32美元买了7箱肥皂。而后他把肥皂卖给了家庭杂货店，换得了62美元的支票，并用这笔钱偿还了借款。依靠杠杆，他在零风险的情况下一天赚了30美元，从此一发不可收。考珀伍德的赌注越来越大，几次下来，他有赢有输，其中有些是非法的。他陷入了"轧空"，挪用公款，锒铛入狱，而后又卷土重来。他对金钱贪得无厌，同时伴随着他对肉欲的放纵、他的奸情和对艺术品的贪多务得。德莱塞将考珀伍德的故事写成了三部小说，为了避免混淆，将这一系列命名为"欲望三部曲"。

德莱塞在《金融家》中想表达什么呢？美国内战后的金融业让他想起了罗马的衰亡。他认为考珀伍德的故事，以及更广泛的有关金融的故事，让人联想到"当人类思想挣脱了旧的信仰和观念的束缚，思潮还未换新之际，人心会异乎寻常的残酷无情。此时同情、温柔和公平竞争这些令人景仰的美德，不会对我们产生影响。欲望、野心、虚荣心则会驱使人们的心理活动"。[10]听上去，这种描述和当今很多人对金融的看法大同小异。

从考珀伍德到《华尔街》中的戈登·盖柯，到布莱特·伊斯顿·埃利斯在《美国精神病人》中刻画的帕特里克·贝特曼，再到唐·德里罗在《大都会》里描写的埃里克·帕克，这些人物形象一脉相承。考珀伍德是一个真实、立体的角色，容易引发人们的同情。慢慢地，金融作品的主人公不再那么富有同情心并贴近现实，而是更加呆板机械，令人憎恶。但雷打不动的是，这些角色都欲壑难填。每塑造一个新形象，人们对金融的印象就会恶化。这种堕落反映出社会对金融业的不满与日俱增。50% 以上的美国人认为，华尔街对经济弊大于利。

金融如此声名狼藉，我们不必讶异。正如马克·吐温和菲利普·罗斯所指出的那样，现实中的人物比小说家所能想象的还要荒诞。现实生活中的马丁·什克雷利就是一个完美的例子。这个阿尔巴尼亚移民的儿子，创立了一家对冲基金，因证券欺诈而被起诉。他经营的那家制药公司，把救命药品的价格上调 50 倍售卖。当他被传唤到国会做证时，他以美国宪法第五修正案为由拒绝回答问题。他花数百万美元买断了说唱组合武当帮的一张专辑的版权（并拒绝分享），并在网上直播自己的生活，直播内容甚至包括与未成年少女调情。而这一切都发生在他 33 岁之前。有这样真实的金融人物，谁还看小说呢？

鉴于欲壑难填的主题在现代金融小说中如此普遍，这就引出了一个问题：金融从业者拥有贪得无厌的欲望是不是一种已经深入人心的看法？我们很容易得出结论，认为金融学就是在教导人们得陇望蜀。毕竟，当戈登·盖柯在《华尔街》中说"贪婪无罪"时，他其实是在阐述经济学的一个核心观点——在某些情况下，追求个人利益可以带来好的结果。

事实上，金融学最基本的理念就是对追求更多利益的质疑。这个理念根深蒂固，以至于它经常没有被教授，也没有被提及，就像到目前为止我所做的那样。

我们已经看到，金融主要与风险有关，而且金融无处不在。

我们通过使用保险和进行风险管理（期权和分散投资）来抵御风险。资本成本和预期回报反映了我们乐意付出多少，并承担多大风险。然而这里的潜台词是，大家并不愿意承担风险。所以，我们要进行风险管理，在承担他人风险的时候向他人收费。假若大家都对风险无动于衷，保险和风险管理就不再必要，人们也不会为此付费，金融业的大部分体系就会崩溃。

对风险的这种厌恶从何而来呢？要了解这个，可以看看金融和赌博的关系。你是否能接受这样的赌局："我公平地掷出一枚硬币。正面朝上我给你1 000美元，反面朝上你给我1 000美元。"由于出现正面或反面的概率一样大，你的预期收益为0。

你会打这个赌吗？如果赌注变成10万美元，或10美元呢？你如果不在乎风险，就会欣然下注。事实上，爱冒险的人甚至愿意付费来参与这个赌局，因为这种不确定性也许会带来某种好处。而如果你不喜欢冒险，你就只有在会赚到钱时才下注。如何才能赚到钱？通过让赢的回报大于输的成本，你的预期收益就会大于0。你等于收钱去赌。

这类思想实验备受争议，博彩业的存在能否说明有些人乐于冒险也有待商榷。但风险规避和风险定价反映了大多数人的直觉，也就是必须能赚到钱才会下注。金融在很大程度上就是以规避风险为基础的。同样，如果不存在风险，保险就没有存在的必要。

然而，这种风险规避表明了我们的哪些偏好呢？我们宁愿不赚1 000美元，也不想输1 000美元，这又透露出什么信息呢？

风险厌恶说明，在没钱的时候输1 000美元，与在有钱的时候赚1 000美元相比，虽然数额一样，我们的价值感却不一样。跟富有的时候赚一美元比起来，贫穷的时候损失一美元更让人心痛。换言之，对我们来说，财富每增加一分，其价值就减少一分。正式点儿说，这就是所谓的"财富边际效用递减"。

实际上，行为金融学的主要内容都是为了对"财富边际效用递减"进行修正，以纳入对损失的独特反应。

但是金融学的底层逻辑相通：追求越多，收益越少。与此相悖的，都背离了金融学原理。随着财富的累积，满足感则越来越少。妄图通过累积财富获得满足感是愚不可及的。这是金融学的基石。而这一基本思想，与金融从业者的行为方式和人们对他们的看法完全背道而驰。

那么，为什么这个金融学的基本理念在从业人员中被遗忘，就像世界上很多人认为的那样？就我而言，对这个棘手的问题，我没有答案，至少我的答案并不完整。

一个过于简单的答案是大家都对金融有误解。金融业本是一个高尚的行业，人们怀着高尚的理想行事，却被诋毁。这种偏见由来已久，可以追溯到苏格拉底。他视金钱为粪土，反对不产生有形商品的活动。对金融的妖魔化一直存在，是一种无知的偏见。

还有一个简单的回答是金融业吸引的是一门心思汲汲营营的人。金融活动本身是中性的，只是它吸引到的多是蝇营狗苟之辈。

我认为上述这些可能的解释都很有道理，更希望这就是故事的全部。

但是我担心这并不是真相。金融业让涉足其中的人利欲熏心。发生在帕霍姆和考珀伍德身上的故事，可能会发生在我们每个人身上。我们都有可能像他们那样，年少得志，依靠杠杆获得巨额财富。问题在于如何理解这种成功。心理学家认为，人倾向于将成功归因于自己具有的特质。人们会自然而然地认为成功源于他们的能力，而非运气。这种所谓的归因错误，在生活中比比皆是。

然而这种归因错误，在金融世界中表现得尤为显著和深刻。金融从业者会持续得到市场的反馈，其决策结果要么大获成功，要么惨遭失败。在遭遇失利时，人们常常将原因归于外部因素，而一旦成功，便将功劳归于自己。这种自我蒙蔽可能会持续多年。事实上，金融从业者如果要自信地且成功地立足于金融界，就需要具备这样的心态，否则就会显得过于谦卑。我在金融领域最成功的朋友似乎从不过多谈论自己失败的投资。

归因错误发生的频率之高，程度之深，使得金融业有别于其他行业。在商业、法律、教育、医疗（外科除外）这些行业，从业者在数月或数年后才会面对衡量其成败的标准。而在金融业，每天都会以完全可量化的方式衡量投资者的成败，涉及的金额也远非一般人能够支配的。而且，"市场规则"使得整个金融市场笼罩在精英主义的阴影中。由于市场的混乱与竞争，投资者会将其成功归因于自身的能力，而不会承认机遇的主导作用。最终，所有这些归因错误导致成功的人越来越自大与贪婪。

当然，金融从业者并非都会这样。金融界有很多谦逊、优秀的人，也有一些真正精通金融学的人。只是，帕霍姆和考珀伍德这种人为数不少，才让人们产生了上述偏见。金融市场甚至让这种模式蔓延到经济的其他领域。想想硅谷的企业家对炒作起来的公司价值深信不疑这一现象。金融市场凭借其精准量化的外衣，让我们更容易将自己的投资结果和个人特质挂钩。

考虑一下之前提到的金融的浑蛋理论，即金融业本身并不坏，吸引的人也不一定是坏人，只是金融业极大地助长了人们的自大程度和野心。

倘若如此，那么真正的问题就是：我们如何规避金融生活带来的特殊个人风险？我认为最佳方案就是通过阅读作品——具有想象力的作品，就像华莱士·史蒂文斯建议的那样。找到能让我们对金融业中有意义的事情保持关注的作品，这能使我们跳脱归因错误的怪圈，不成为金融作品里更常见、更令人沮丧的那种人。

那么，难道金融界只剩下一些反英雄人物吗？难道在金融领域，可讲述的故事只有贪得无厌的警世故事吗？难道金融界充斥着帕霍姆、考珀伍德、帕克和什克雷利之流吗？难道就没有一位作家笔下的人物在金融方面颇有造诣，却又不唯利是图？难道没有这样一个角色，用行动去展示金融的智慧？

幸好，有部作品里的主人公正是这样做的。只不过，将这个人物刻画得如此光彩夺目的是名女作家，而不是男作家。而且，这部作品的主人公不是男性，而是女性。

在《啊，拓荒者！》中，薇拉·凯瑟描绘的亚历山德拉·伯格森的故事应该出现在每本金融教科书中。亚历山德拉是19世纪末20世纪初从瑞典来到美国内布拉斯加州的平原拓荒的第一代移民。她负责照看家里的农场和三个弟弟。她是一个模范金融家，因为她能熟练运用丰富的金融知识，却不会像一些反英雄人物那样掉入陷阱。

在地价触底的危急时刻，亚历山德拉的兄弟们劝她卖掉田地。她却提出了一个计划，让她们家从苦苦挣扎的农民，一跃成为独立的土地所有者。她用杠杆反其道而行之，借钱购入周边更多的土地。她还建议卖掉所有耕牛，全力借贷，"筹集我们能筹集的每一分钱，购买我们能购买的每一英亩土地"。[11]弟弟们都认为她疯了。她的复杂融资计划包括抵押宅基地，在未来很长一段时间内偿还债务，而所有这些都建立在她对未来地价走势做出正确判断的基础上。

亚历山德拉如何知道自己的计划可行呢？她如何评估风险呢？她进行了抽样调查。亚历山德拉跟排行最小的弟弟艾米一起去周边的乡郡考察。"向男人们了解庄稼收成，向女人们咨询家禽养殖。她花了一整天向一个年轻农民讨教，这名农民曾跑到学校专门学习，现在在试验一种新型苜蓿干草。她受益匪浅。"[12]

她发现投资其他资产的风险有限，带来的回报也有限，附近的土地则有期权价值。"其他人并不认为投资附近的土地能带来回报，但是我们如果买下了土地，就把握住了巨大的商机。"[13]

亚历山德拉发现了一种类似期权的回报方式，且利大于弊。

弟弟罗想知道姐姐的预言是否准确："你怎么知道这块土地能升值到足以够我们偿还贷款呢？"[14] 亚历山德拉明白风险不可避免，回答说："知道就是知道，仅此而已。你在乡村转一圈，就能感觉到。"[15] 经验和想象力让她能够直面不确定性。计划成功后，她的恋爱对象卡尔说："我从来都不相信你能做到这一点。我对自己的眼光和想象力感到失望。"[16] 卡尔的家人不敢冒险，选择了离开这里。

她极为重视分散投资，还咨询了伊瓦尔的意见。这个老人的想法和行为有些标新立异，大家都取笑他。亚历山德拉则倚重他，认为他对农业的看法不同凡响。面对弟弟罗的反对意见，亚历山德拉回答说："我俩对喂牲口有不同看法是好事。最怕的就是全家都有一致的意见，这样无法进步。我俩能够从对方的错误中学到东西。"[17] 观点有争鸣和差异，但她和家人并没有因为差异和分歧而不和，反而联系更为紧密。

事成之后，她与弟弟们一起分了地。但是弟弟们坚持认为，她分得土地后创造的财富也应归他们所有。弟弟们欺负她，开始翻旧账："你现在赚的财产，都来自原来的土地。而这些地，我们兄弟都出了力。不管地契怎么写，家里的地都属于男人们。如果出了什么问题，责任就落在男人们身上。"[18] 亚历山德拉驳斥了这种只强调过去和负面结果的倒退逻辑，坚决要求分家后赚的钱归自己所有。她坚信，土地增值是她努力的结果，她顶住了弟弟们的威胁。

作者凯瑟显然对这些兄弟没有好感。他们像资产阶级那样贪婪，但同时又对金融业进行抨击。弟弟罗对姐姐的对象卡尔说道："有胆量，你就壮起胆子去华尔街，把华尔街毁掉。我的意思是炸掉华尔街。"[19]占领华尔街！卡尔回答："那是浪费弹药。这条华尔街没了，另一条华尔街会出现。"[20]凯瑟是在一个伟大的进步时代写作的，她没有对金融采取敌视的态度。

当卡尔让她说自己为什么成功时，亚历山德拉并没有将其归功于自己。她说："成功跟我们的关系不大，是土地自身的功劳。它跟大家开了个小玩笑。因为大家都不知道如何正确耕种，所以它装作贫瘠。然后它突然开始发挥效用，从沉睡中醒来，伸了个懒腰，变得如此广袤、如此富饶，以至于我们突然发现，仅仅坐在那里，我们就变得富有了。"[21]亚历山德拉明白，她的成功在很大程度上归功于运气，而不仅仅是她的能力或技巧。

亚历山德拉成功之后是怎么做的呢？当她的弟弟们大肆铺张，纷纷购入新式浴缸的时候，她坐落在那个最富有的农场中的家却依然"不加修饰，不求舒适"。[22]

亚历山德拉这么辛苦的目的是什么呢？当最终她与卡尔联系时，她说："我不需要钱财。但是这么多年，我一直离不开你。"[23]她最重要的成就不是获得财富和地位，而是把最小的弟弟送去上大学，使其进入法学院，她说这才是她最大的幸福来源，因为"她这么辛苦都是为了这些"。[24]

然而，当亚历山德拉得知邻居失手杀了她最好的朋友和她心爱的弟弟艾米后，她伤心欲绝，但她并没有被仇恨冲昏头脑，反而很同情凶手。"他在异国他乡，无亲无故，顷刻间就毁掉了自己的一生。"[25] 亚历山德拉向他发誓："我会一直尝试原谅你。"[26] 尽管在情感上遭受了巨大的创伤，她还是原谅了邻居，并在他犯下大错后，试图让他重新开始。

最后，亚历山德拉在考虑死后如何处置土地和财产时，打算把这些财产都赠予自己的侄子和侄女。"就算我立遗嘱把地留给他们的孩子，又有什么区别呢？土地是属于未来的，卡尔，我就是这样想的。50年后，县里登记册上的名字又有几个还留着？我要是立遗嘱把那边的落日留给我弟弟的孩子，不也照样可以吗？我们是这里的过客，而土地是长在的。真正爱它、了解它的人才是它的主人——那也不过是暂时的。"[27] 她把自己当成土地看管人，是链条中的一环，负责照管土地罢了。

亚历山德拉十分恰当地运用了金融工具。她善于管理风险，懂得如何依靠经验和想象力去评估风险，也明白如何运用杠杆改变所爱之人的生活。她重视分散投资，也知道期权价值，并在重大决策上果断行动。她明白如何创造价值，也明白自己最终只是受托资产的管理者。对周围那些辜负她的人，她满怀宽容之心。她深知自己的成功不能完全归于自身的能力。她并不沉溺于冒险，也不贪婪无度。她全身心倾注在朋友和家庭上。与考珀伍德、帕霍姆、帕克和什克雷利相比，她截然不同。

如果你从东四十一街（也被称为图书馆路）走近纽约公共图书馆，就会看到这座宏伟建筑的绝佳景观。你如果花点儿时间低头看看图书馆步道，就会看到由格雷格·勒费弗尔雕刻的96块牌匾，上面刻有世界各地作家的文学名言。刻有薇拉·凯瑟的《啊，拓荒者！》中的名言的牌匾也赫然在列。

牌匾上的这句话出自亚历山德拉的恋人卡尔之口。他在怀旧的时候说："人类的故事来来去去就那两三个，可是却不断猛烈地重复，仿佛从未发生过。就像这个国家的云雀，几千年来反复吟唱着同样的五个音符。"[28] 勒费弗尔对这句话的雕刻进一步扩大了这句话的知名度，强调了凯瑟的观点。

对凯瑟来说，最终与我们的生活相似的故事只有几个。正如我们所看到的，有些只是毫无意义地追逐财富和贪婪欲望的故事，有些则是有关心灵和勤劳的故事。我们应该明智地选择过哪种故事所描绘的生活。我推荐亚历山德拉·伯格森的故事。

后记

按大多数标准来看,查尔斯·珀西·斯诺是位真正的文艺复兴式天才。作为一名物理化学家,他曾是剑桥大学基督学院的化学研究员,也曾在上议院担任政务次官,还在政府中担任过多种职务。他著有安东尼·特罗洛普的传记、一部悬疑小说,还有一系列反映学术界生活的小说。另外,他的作品还曾入围布克奖。他这一生成就不凡。

但是斯诺最为人知的,还是他在1959年所做的题为《两种文化》的演讲。他在文中抨击了将知识分子分为两个对立阵营的做法——他一生都致力于反对人文科学与自然科学的分道扬镳。自然科学家认为"传统文化的文学对自己无关紧要。这样想当然大错特错,他们的想象力和理解力因此大打折扣,这样做是作茧自缚"。[1] 人文学者也故意对自然科学视而不见,认为自然科学是缺乏真正统一视野的迂腐学科。斯诺却认为,自然科学家对莎士比亚的无知,与人文学者对热力学第二定律的无知一样,都是犯罪。

斯诺认为,"这种人文、自然的隔阂对所有人来说都意味着损失,无论是作为个体,还是作为社会整体"。[2]斯诺为什么认为隔阂的代价如此高昂?因为他相信"在思想和创造的中心,文理的鸿沟会让我们与机会失之交臂。人文和自然这两种科目、两种学科、两种文化的碰撞,现在就像两个星系的碰撞,能够产生创造性的机会。人类心智发展史上的突破就是由此而来"。[3]在冷战末日论的驱使下,斯诺更为深谋远虑。想到与苏联的军备竞赛,他认为"为了学术生活,为了国家不要陷入危局,为了西方社会不再贫富悬殊,也为了穷人能依靠知识脱贫",人文和自然必须合二为一。[4]

简而言之,"当人文科学和自然科学分道扬镳时,任何社会都无法用理智思考"。[5]

而当今金融与人文存在的鸿沟,肯定不会导致文明的衰退和消亡,因此我无法像斯诺那般义愤填膺,并有远见地去预示末日。然而文理分割会导致错失智慧的观点,我觉得是显而易见的。

每次我在穿过美国剑桥市的查尔斯河时,我都会再次想起这道鸿沟。我在河畔的哈佛大学商学院任教,与优秀的师生共同探索商业世界。然而,有时候我们对某些课程缺乏耐心,因为这些课程所教授的内容很难直接应用于实践。因此,师生们质疑学校开设人文课程的意义。

我步行穿越查尔斯河前往对岸的哈佛大学法学院任教。整个学院对商业界、商学界和实用知识充满疑虑。我在哈佛大学商学院开设了一门本科课程，并试图将其纳入哈佛学院的核心课程。然而，这门课程中的商业案例分析部分被认为不符合人文学科的要求，因为它的实操性。尽管我最终成功了，但我深刻感受到了这道鸿沟的本质。

这种鸿沟不仅存在于大学之内。由于金融业一再扰乱经济，人们对其价值产生了极大的怀疑。事实上，在学术界、政治运动中，甚至在商界人士中，对金融价值的轻视十分流行。如果不是由于对金融一窍不通而心生怀疑，这一切就是合理的。

同样，金融的理论与实践变得更加专业化，更难以理解，也更加脱离人们的日常生活。在当今社会怀疑论的影响下，金融专业人士往往无路可退，只能用"金融是上帝的工作"这样的愚蠢观念来回应。需要明确的是，金融业确实存在不少问题，但目前的鸿沟只会让人们在解决金融问题时无法找到万全之策。

在斯诺演讲40年后，爱德华·威尔逊在《知识大融通》一书中对这道鸿沟的存在进行了探讨。书中阐释了知识的统一，特别提到了斯诺指出的脱节问题。威尔逊将这些问题归结为"爱奥尼亚式迷情"[6]，即认为世界上的所有事情都可以用几条基本定律来解释。而威尔逊将这种想法的提出归功于谁呢？这种想法最初来源于希腊哲学之父米利都的泰勒斯，泰勒斯也是期权证券及其衍生品的创造者。也许，万事万物都有联系。

威尔逊更进一步，试图解答斯诺提出的问题："要统一不同门类的知识并终结文化流派之战，方法只有一个，那就是不要把自然科学和人文科学的界限看作领域的边界，而应将其看作一片广袤的土地，等待双方合力开垦。误解源于对地形的无知，而非在思想上的根本差异。"[7]

他的目标是什么呢？对威尔逊而言，这片土地有望"展现我们共同思想的优雅、美丽和力量，以及本着哲学实用主义的最佳精神，我们行为的智慧"。[8]

我自己并没有任何有关统一性的理论。我也不敢声称自己有多睿智。但我恳请大家跨越金融与人文学科之间的界限，发展自己的智慧。如果你读到这里，那么你已经上路了。本书的参考资料和资源旨在为你的进一步探索助力。祝你一路顺风！

致谢

我由衷感谢所有支持我完成这项工作的人。蒂姆·沙利文和我的经纪人杰伊·曼德尔引领我进入图书出版业,并在整个过程中不断给予我明智的建议。最重要的是,杰伊将我介绍给了我的编辑里克·沃尔夫,他在整个合作过程中非常体贴,给了我很多鼓励和善解人意的指导。里克既有长者的睿智,详细地给予反馈,又坚持原则,重视交稿时间。他把两者完美地结合。我衷心感谢霍顿·米夫林·哈考特出版社的整个团队,尤其是罗斯玛丽·麦吉尼斯和阿德里亚娜·克劳德,她们不辞辛劳,对我始终保持着极大的耐心。亚历山德拉·克西克、扎克·马科维奇和罗汉·雷迪都在我准备手稿的过程中给我提供了出色的研究帮助。佐伊·达布斯不仅在帮助我完成手稿的过程中尽职尽责,还做了很多职责范围以外的工作。

与阿曼达·欧文·威尔金斯的长时间通话不仅改变了这本书,也改变了我对阅读和写作的理解。乔舒亚·马戈利斯给我提供了探索这些想法的原动力，他不仅给予了我支持，还提供了诸多宝贵建议。与乔舒亚·罗思曼几次漫长的午餐为我带来了灵感，打开了讲故事的新世界。我与阿曼达和两位乔舒亚之间的交流，是我将讲座内容著书出版的关键因素。

在撰写本书过程中，许多同事都给予了慷慨的帮助，我特别要提及以下诸位：林恩·佩因、辛西娅·蒙哥马利、尼赫·谢和、简·里夫金、薇姬·古德、阿尔·沃伦、詹姆斯·蔡特勒、巴拉特·阿南德、大卫·阿格、大卫·加文、史蒂芬·格林布拉特、汤姆·尼古拉斯、克莱顿·罗斯、威利·施、劳伦·科恩、沃尔特·弗里德曼、劳拉·利纳尔、斯科特·卫斯法尔、路易斯·梅南、克里斯廷·马格福德、费利克斯·奥伯霍尔泽·吉、埃里克·斯塔福德。尼廷·诺瑞亚院长一直以来对我的工作给予了极大的支持，他非常慷慨，倾注了大量的时间和热情。此外，我还要感谢哈佛大学商学院研究部为我撰写本书提供的巨大帮助。

无论是在研讨会还是在教学小组中，哈佛大学商学院金融系的同事在多方面对我的思维方式产生了深远影响，对此我深表感激。我有幸受到一群杰出老师的引领，他们将我带入了金融领域，其中包括迈克尔·埃德尔森、斯科特·梅森、德怀特·克兰、安德烈·佩罗尔德、彼得·图法诺、约翰·坎贝尔、奥利弗·哈特和安德烈·施莱弗。我的学术导师——马丁·费尔德斯坦、迈克尔·格雷茨、小詹姆斯·R.海恩斯和安德烈·施莱弗——为我树立了学术诚信和抱负远大的典范。

我有幸与许多富有思想的本科生、MBA、法律硕士、博士生和高管教育学生进行交流。本书正是他们给予我的理念和教学启发的直接成果。最初听过我讲座的学生鼓励我将其编纂成书，因此我要特别感谢 2015 级哈佛大学 MBA，尤其是帕拉斯维尔·帕特尔，以及第 18 期综合管理项目的高管教育学生。许多来自不同专业的学生都听过我讲座的早期版本，我非常感谢他们提供的所有反馈意见。两位以前的学生——莉亚·卡彭特和盖尔·特泽马赫·莱蒙特别慷慨地为本书贡献了自己的时间。与劳拉·阿梅利奥、丹·麦金、凯伦·狄龙、雷切尔·谢尔曼、锡德·夏耐、理查德·泰德洛、斯蒂芬·图尔班、苏乔伊·贾斯瓦、保罗·库克、阿迪·伊格内修斯、维克拉姆·甘地、艾伦·琼斯、埃莉丝·切尼、詹姆士·杜贝拉、罗伯特·平斯基、格雷琴·鲁宾、布赖恩·米萨莫尔、马克·维布伦、林姬姆·戴伊、凯茜·王、大卫·雷丁、赫什·贾因、乔纳森·斯利夫金、杰弗里·克里斯托夫、埃文·哈恩、克里斯蒂安·刘、阿德里安娜·普罗普和亨利·卡曾斯等人的交流都对我非常有帮助，他们对本书都有或多或少的贡献。

鲁本·西尔弗斯、阿兰·卢伊和乔舒亚·马戈利斯等好友在我多次动摇时给了我莫大的支持。母亲和已故的父亲一如既往，是智慧、好奇、勤奋和爱的典范。哥哥赫曼和姐姐迪帕一直陪伴着我，他们的支持对我来说意义重大。我哥哥的一家、姐姐的一家、妻子的一家以及整个大家庭都给予了我巨大的支持。维克拉姆·德赛、哈里士·德赛和海玛尔·什罗夫对我尤其鼓励有加。

米娅·德赛、伊拉·德赛和帕尔瓦蒂·德赛是我生活的终极价值。他们给予了我超乎想象的理解，他们的开朗活力和无尽的爱激励我不断前进。蒂娜·谢蒂使我最终能够完成本书，除了支持和鼓励，她给我的还有很多。她的爱和关怀给了我最大的信心和我希望得到的一切保证。

注释

在撰写本书的过程中，我克制了自己的本能，不要那么学究气。最重要的是，为了保证可读性，我没有在文中标注引文的准确出处和来源。

我希望在注释部分做出补充。我为每一章列出了引文的具体来源、进一步阅读的建议以及直接引文的具体出处。这些引用来源按其出现顺序排列。进一步阅读的建议旨在为感兴趣的读者提供引文来源或有助于理解的相关论著。我试图总结众多学者的学术成就，希望这些建议也能够向他们致敬。

想要深入学习的读者，可以继续参阅论述金融概念的教科书。这一方面我推荐：Bodie, Zvi, Alex Kane, and Alan J. Marcus. *Investments*. Boston: McGraw-Hill Irwin, 2013; Berk, Jonathan B., and Peter M. DeMarzo. *Corporate Finance*. Boston: Pearson Addison Wesley, 2013。如果你是金融从业者，这本专著更有助于理解：Higgins, Robert C. *Analysis for Financial Management*. 11th ed. New York: McGraw-Hill Education, 2016。另一本值得推荐的概论性图书是：Robert Shiller. *Finance and the Good Society*. Princeton, NJ: Princeton University Press, 2012。我自己也制作了普及金融知识的 HBX 平台在线课程"Leading with Finance." MOV. Boston: President & Fellows of Harvard College, 2016。

这几句诗节选自弗罗斯特的《泥泞时节的两个流浪汉》的最后一节。选自 *The Poetry of Robert Frost*. Edited by Edward Connery Lathem. New York: Henry Holt and Company, 1969.

引言　金融与美好生活

引言参考了以下论著：de la Vega, Joseph. *Confusion de Confusiones.* Eastford, CT: Martino Fine Books, 2013; Newman, John Henry. *The Idea of a University.* Edited by Frank M. Turner. New Haven, CT: Yale University Press, 1996; Nietzsche, Friedrich Wilhelm. "Guilt, Bad Conscience and Related Matters." In *On the Genealogy of Morals: A Polemical Tract.* Leipzig: Verlag Von C.G., 1887。我简要提及了卢卡斯岛模型的观点，该模型最早由小罗伯特·E. 卢卡斯在其论文中提出：Lucas, Robert E., Jr. "Expectations and the Neutrality of Money." *Journal of Economic Theory* 4, no. 2 (1972): 103–24。

1. Newman, "The Idea of a University."

2. de la Vega, *Confusion de Confusiones,* 2.

3. Nietzsche, "Guilt, Bad Conscience and Related Matters," part 8 of the second essay.

第一章　命运之轮

本章参考的主要文学作品有：Hammett, Dashiell. *The Maltese Falcon.* New York: Alfred A. Knopf, 1930; Stevens, Wallace. *Ideas of Order.* New York: Alfred A. Knopf, 1936; Stevens, Wallace. *The Necessary Angel: Essays on Reality and the Imagination.* New York: Knopf, 1951。我还参考了：Byrne, David, Brian Eno, Chris Frantz, Jerry Harrison, and Tina Weymouth, writers. "Once in a Lifetime." The Talking Heads. Brian Eno, 1980. CD。

我对弗利特克拉夫特寓言的讨论参考了：Marcus, Steven. "Dashiell Hammett and the Continental Op." *Partisan Review* 41 (1974): 362–77; Jones, R. Mac. "Spade's Pallor and the Flitcraft Parable in Dashiell Hammett's *The Maltese Falcon*." *Explicator* 71, no. 4 (2013): 313–15; Irwin, J. T. "Unless the Threat of Death Is Behind Them: Hammett's *The Maltese Falcon*." *Literary Imagination* 2, no. 3 (2000): 341–74。

我对皮尔斯的论述参考了：Peirce, Charles S. *Chance, Love, and Logic; Philosophical Essays*. New York: Barnes & Noble, 1968; Peirce, Charles S. *Pragmatism as a Principle and Method of Right Thinking: The 1903 Harvard Lectures on Pragmatism*. Albany: State University of New York Press, 1996; Peirce, Charles S. "Reply to the Necessitarians: Rejoinder to Dr Carus." *Monist* 3–4 (July 1893): 526–70; and Peirce, Charles S. "Grounds of Validity of the Laws of Logic." *Journal of Speculative Philosophy* 2, no. 4 (1869): 193–208。另外，我还参考了三本出色的传记：Brent, Joseph. *Charles Sanders Peirce: A Life*. Bloomington: Indiana University Press, 1993; Menand, Louis. *The Metaphysical Club: A Story of Ideas in America*. New York: Farrar, Straus and Giroux, 2002; Menand, Louis. "An American Prodigy." *New York Review of Books,* December 2, 1993。其他参考资料还有：Russell, Bertrand. *Wisdom of the West*. Garden City, NY: Doubleday, 1959; Popper, Karl R. *Objective Knowledge: An Evolutionary Approach*. Oxford: Clarendon Press, 1972; Percy, Walker. "The Fateful Rift: The San Andreas Fault in the Modern Mind." *Design for Arts in Education* 91, no. 3 (1990): 2–53; Wible, James R. "The Economic Mind of Charles Sanders Peirce." *Contemporary Pragmatism* 5, no. 2 (December 2008): 39–67。

关于统计思维的思想史，我主要参考了：Hacking, Ian. *The Taming of Chance*. Cambridge: Cambridge University Press, 1990; Porter, Theodore M. *The Rise of Statistical Thinking: 1820–1900*. Princeton, NJ: Princeton

University Press, 1986; Stigler, Stephen M. *The History of Statistics.* Cambridge, MA: Harvard University Press, 1990; Mellor, D. H., ed. *Science, Belief, and Behaviour: Essays in Honour of R. B. Braithwaite.* Cambridge: Cambridge University Press, 1980; Simon, Pierre, Marquis de Laplace. *A Philosophical Essay on Probabilities.* New York: Dover Publications, 2005; Galton, Francis. *Natural Inheritance.* London: Macmillan, 1889。

关于这段思想史简短易懂的论述,请参阅:Devlin, Keith J. *The Unfinished Game: Pascal, Fermat, and the Seventeenth-Century Letter That Made the World Modern.* New York: Basic Books, 2008; Kaplan, Michael, and Ellen Kaplan. *Chances Are—: Adventures in Probability.* New York: Viking, 2006; and Stigler, Stephen M. *The Seven Pillars of Statistical Wisdom.* Cambridge, MA: Harvard University Press, 2016。有关"蒙提·霍尔悖论"的精彩讨论,请访问:https://www.khanacademy.org/math/precalculus/prob-comb/dependent-events-precalc/v/monty-hall-problem.

关于巴菲特,请参阅:Frazzini, Andrea, David Kabiller, and Lasse H. Pedersen. *Buffett's Alpha.* NBER Working Paper no. 19681, December 16, 2013. National Bureau of Economic Research. Ng, Serena, and Erik Holm. "Buffett's Berkshire Hathaway Buoyed by Insurance 'Float.'" *Wall Street Journal,* February 24, 2011。

保险是经济学和金融学的核心议题,各种对保险基本原理的精妙论述层出不穷。我最推荐的是:Eeckhoudt, Louis, Christian Gollier, and Harris Schlesinger. *Economic and Financial Decisions Under Risk.* Princeton, NJ: Princeton University Press, 2006。有关统计和保险通俗易懂的历史,请参阅:Bernstein, Peter L. *Against the Gods: The Remarkable Story of Risk.* New York: John Wiley & Sons, 1996。

有关逆向选择和道德风险最重要的奠基之作包括:Arrow, Kenneth J.

"Uncertainty and the Welfare Economics of Medical Care." *American Economic Review* 53, no. 5 (June 1963): 941–73; Pauly, Mark V. "The Economics of Moral Hazard: Comment." *American Economic Review,* part 1, 58, no. 3 (June 1968): 531–37; Arrow, Kenneth J. "The Economics of Moral Hazard: Further Comment." *American Economic Review,* part 1, 58, no. 3 (June 1968): 537–39; Akerlof, George A. "The Market for Lemons: Quality Uncertainty and the Market Mechanism." *Quarterly Journal of Economics* 84, no.3 (August 1970): 488–500; Holmstrom, Bengt. "Moral Hazard and Observability." *Bell Journal of Economics* 10, no. 1 (Spring 1979): 74–91; Grossman, Sanford J., and Oliver D. Hart. "An Analysis of the Principal-Agent Problem." *Econometrica* 51, no. 1 (January 1983): 7–46。让-雅克·拉丰和大卫·马赫蒂摩对这方面也做了深入的阐述，请参阅：Laffont, Jean Jacques, and David Martimort. *The Theory of Incentives,* Princeton, NJ: Princeton University Press, 2002。

关于保险的历史，我依据的资料是：Trenerry, Charles Farley. *The Origin and Early History of Insurance, Including the Contract of Bottomry.* Edited by Ethel Louise Gover and Agnes Stoddart Paul. London: P. S. King & Son, 1926; Hudson, N. Geoffrey, and Michael D. Harvey. *The York-Antwerp Rules: The Principles and Practice of General Average Adjustment.* 3rd ed. New York: Informal Law from Routledge, 2010; Clark, Geoffrey Wilson. *Betting on Lives: Life Insurance in English Society and Culture, 1695–1775.* New York: Manchester University Press, 1993。

关于保险和巫术，请参阅：Macfarlane, Alan. *Witchcraft in Tudor and Stuart England: A Regional and Comparative Study.* New York: Harper & Row, 1970; Davies, Owen. *Witchcraft, Magic and Culture: 1736–1951.* Manchester: Manchester University Press, 1999; Knights, D., and T. Vurdubakis. "Calculations of Risk: Towards an Understanding of Insurance as a Moral and Political

Technology." *Accounting, Organizations and Society* 18, no. 7–8 (1993): 729–64; Thomas, Keith. *Religion and the Decline of Magic*. New York: Scribner, 1971。

有关秘密共济会会员独立会的讨论参考了：Emery, George Neil, and John Charles Herbert Emery. *A Young Man's Benefit: The Independent Order of Odd Fellows and Sickness Insurance in the United States and Canada, 1860–1929*. Montreal: McGill-Queen's University Press, 1999。英国年金市场逆向选择的证据来自：Finkelstein, Amy, and James Poterba. "Adverse Selection in Insurance Markets: Policyholder Evidence from the U.K. Annuity Market." *Journal of Political Economy* 112, no. 1 (2004): 183–208。养老金对家庭形成影响的证据来自：Costa, Dora L. "Displacing the Family: Union Army Pensions and Elderly Living Arrangements." *Journal of Political Economy* 105, no. 6 (1997): 1269–92。关于家庭形成趋势的更多信息，可参阅：Furlong, Fred. "Household Formation Among Young Adults." *FRBSF Economic Letter*, May 23, 2016。引用的弗罗斯特原话出自：Frost, Robert. "The Death of a Hired Man." In *North of Boston*, pp. 14–18. New York: Henry Holt & Company, 1915。

英法两国公共财政的对比参考了：Weir, David R. "Tontines, Public Finance, and Revolution in France and England, 1688–1789." *Journal of Economic History* 49, no. 1 (1989): 95–124; Kaiser, Thomas, and Dale Van Kley, eds. *From Deficit to Deluge: The Origins of the French Revolution*. Palo Alto, CA: Stanford University Press, 2010; Hardman, John. *The Life of Louis XVI*. New Haven, CT: Yale University Press, 2016。

唐提式保险的历史演变，请参阅：McKeever, Kent. "A Short History of Tontines." *Fordham Journal of Corporate & Financial Law* 15, no. 2 (2009): 490–522; Milevsky, Moshe. *King William's Tontine: Why the Retirement Annuity of the Future Should Resemble Its Past*. New York: Cambridge University

Press, 2015; Ransom, Roger L., and Richard Sutch. "Tontine Insurance and the Armstrong Investigation: A Case of Stifled Innovation, 1868–1905." *Journal of Economic History* 47, no. 2 (1987): 379–90; Velde, Francois R. *The Case of the Undying Debt*. Federal Reserve Bank of Chicago. November 24, 2009; Collier, Jonathan, writer. "Raging Abe Simpson and His Grumbling Grandson in 'The Curse of the Flying Hellfish.'" Directed by Jeffrey Lynch. *The Simpsons*. Fox Network, 1996。

关于史蒂文斯的讨论，参考了：Stevens, Wallace. *Ideas of Order*. New York: Alfred A. Knopf, 1936; Stevens, Wallace. *The Necessary Angel: Essays on Reality and the Imagination*. New York: Knopf, 1951; Bloom, Harold. *Wallace Stevens: The Poems of Our Climate*. Ithaca, NY: Cornell University Press, 1977; Schjeldahl, Peter. "Insurance Man: The Life and Art of Wallace Stevens." *New Yorker,* May 2, 2016; Mariani, Paul L. *The Whole Harmonium: The Life of Wallace Stevens*. 1st ed. New York: Simon & Schuster, 2016; Vendler, Helen. "The Hunting of Wallace Stevens." *New York Review of Books,* November 20, 1986; Dechand, Thomas. "'Like a New Knowledge of Reality': On Stevens and Peirce." *MLN* 121, no. 5 (2006): 1107–23; Nichols, Lewis. "Talk with Mr. Stevens." *New York Times,* October 3, 1954。

1. Marcus, "Dashiell Hammett and the Continental Op," 367.

2. Hammett, "G in the Air," in *The Maltese Falcon*, chapter 7.

3. Byrne, Eno, Frantz, Harrison, and Weymouth of the Talking Heads, "Once in a Lifetime."

4. Russell, *Wisdom of the West*, 227.

5. Popper, *Objective Knowledge*, 207.

6. Percy, "The Fateful Rift," 18.

7. Peirce, "Grounds of Validity of the Laws of Logic," 207.

8. James, quoted in Peirce, *Pragmatism as a Principle and Method of Right Thinking*, 11.

9. ibid.

10. Simon, *A Philosophical Essay on Probabilities*, 3.

11. Galton, *Natural Inheritance*, 66.

12. ibid.

13. Peirce, "Reply to the Necessitarians," 560.

14. Hudson and Harvey, *The York-Antwerp Rules*, 16.

15. Macfarlane, *Witchcraft in Tudor and Stuart England*, 109.

16. Davies, *Witchcraft, Magic and Culture*, 294.

17. Peirce, "Reply to the Necessitarians," 560.

18. Peirce, Chance, *Love, and Logic*, 72–73.

19. ibid.

20. ibid., 75.

21. Schjeldahl, "Insurance Man."

22. Stevens, quoted in Dechand, "'Like a New Knowledge of Reality,'" 1107.

23. Berryman, "So Long? Stevens," quoted in Vendler, "The Hunting of Wallace Stevens."

24. Stevens, preface to *Ideas of Order*, iv.

25. Mariani, *The Whole Harmonium,* 188.

26. Stevens, *The Necessary Angel*, 139.

27. ibid., 137.

28. ibid., 136.

29. ibid., 153.

30. Stevens, quoted in Dechand, "'Like a New Knowledge of Reality,'" 1117.

31. Stevens, quoted in Nichols, "Talk with Mr. Stevens."

第二章　风险交易

本章参考的主要文学作品有：Austen, Jane. *Pride and Prejudice.* 1st ed. London: T. Egerton, Whitehall, 1813; Trollope, Anthony. *Phineas Finn.* Leipzig: Tauchnitz, 1869; Melville, Herman. "Bartleby, the Scrivener: A Story of Wall Street." *Putnam's Magazine* 2, no. 11 (November 1853): 546–57; Bellow, Saul. *Seize the Day.* New York: Viking Press, 1956。

有关政府证券在英国文学中的作用的更多信息，请参阅："Percents and Sensibility; Personal Finance in Jane Austen's Time." *Economist,* December 24, 2005。

关于路易·巴舍利耶的贡献，请参阅：Bachelier, Louis. *Louis Bachelier's Theory of Speculation: The Origins of Modern Finance.* Translated and with an introduction by Mark Davis and Alison Etheridge. Princeton, NJ: Princeton University Press, 2006; Bernstein, Jeremy. "Bachelier." *American Journal of Physics* 73, no. 5 (2005): 395; Pearle, Philip, Brian Collett, Kenneth Bart, David Bilderback, Dara Newman, and Scott Samuels. "What Brown Saw and You Can Too." *American Journal of Physics* 78, no. 12 (2010): 1278; Holt, Jim. "Motion Sickness: A Random Walk from Paris to Wall Street." *Lingua Franca,* December 1997。

期权的讨论参考了：Aristotle, *Politics.* Vol. 1. Translated by H. Rackham. Cambridge, MA: Harvard University Press, 1944; de la Vega, Joseph. *Confusion de Confusiones.* Edgeton, CT: Martino Fine Books, 2013; Frock, Roger. *Changing How the World Does Business: FedEx's Incredible Journey to Success: The Inside Story.* San Francisco, CA: Berrett-Koehler, 2006; Emerson, Ralph Waldo. "The Transcendentalist." In *Nature: Addresses and Lectures*。我对巴特

尔比的讨论参考了：Agamben, Giorgio. *Potentialities*. Palo Alto, CA: Stanford University Press, 1999。

关于分散投资的讨论参考了：Price, Richard. "Moral Midgetry." *The Wire*. Directed by Agnieszka Holland. HBO. November 14, 2004; McCloskey, Donald N. "English Open Fields as Behavior Towards Risk." *Research in Economic History* 1 (Fall 1976): 124–70; Cohen, Ben. "The Stephen Curry Approach to Youth Sports." *Wall Street Journal,* May 17, 2016; Moggridge, Donald. *Maynard Keynes: An Economist's Biography*. London: Routledge, 1992。亚里士多德关于友谊的论述选自：Aristotle. *Nicomachean Ethics*. Translated by W. D. Ross。

有关原始资本资产定价模型的丰富思想史和详尽解释，可参考：Bernstein, Peter L. *Capital Ideas: The Improbable Origins of Modern Wall Street*. 1st ed. New York: Free Press, 1992; Perold, André F. "The Capital Asset Pricing Model." *Journal of Economic Perspectives* 18, no. 3 (2004): 3–24; Sharpe, William F. "Capital Asset Prices with and Without Negative Holdings." Nobel Lecture, Stanford University Graduate School of Business, Stanford, CA, December 7, 1990; Black, Fischer. "Beta and Return." *Journal of Portfolio Management* 20, no. 1 (1993): 8–18。

关于分散投资的原创文献有：Markowitz, Harry. "Portfolio Selection." *Journal of Finance* 7, no. 1 (March 1952): 77–91; Roy, Andrew D. "Safety First and the Holding of Assets." *Econometrica* 20, no. 3 (July 1952): 431–39。除上述论文，其他重要论文包括：Tobin, James. "Liquidity Preference as Behavior Towards Risk." *Review of Economic Studies* 25, no. 2 (February 1958): 68–85; Lintner, John. "The Valuation of Risk Assets and the Selection of Risky Investments in Stock Portfolios and Capital Budgets: A Reply." *Review of Economics and Statistics* 47 (1965): 13–37; Sharpe, William F. "Capital Asset Prices: A Theory of Market Equilibrium Under Conditions of Risk." *Journal of*

Finance 19, no. 3 (September 1964): 425–42; Treynor, J. L. "Toward a Theory of Market Value of Risky Assets." MS, 1962. Final version in *Asset Pricing and Portfolio Performance,* 15–22. Edited by Robert A. Korajczyk. London: Risk Books, 1999; Roll, Richard. "A Critique of the Asset Pricing Theory's Tests Part I: On Past and Potential Testability of the Theory." *Journal of Financial Economics* 4, no. 2 (1977): 129–76; Merton, Robert C. "An Intertemporal Capital Asset Pricing Model." *Econometrica* 41 (September 1973): 867–87。

两本特别好的期权类教材分别是：McDonald, Robert L. *Derivatives Markets.* Boston: Addison-Wesley, 2006; Hull, John, Sirimon Treepongkaruna, David Colwell, Richard Heaney, and David Pitt. *Fundamentals of Futures and Options Markets.* New York: Pearson, 2013。早期关于期权的重要论文包括：lack, Fischer, and Myron Scholes. "The Pricing of Options and Corporate Liabilities." *Journal of Political Economy* 81, no. 3 (May/June 1973): 637–54; Merton, Robert C. "Theory of Rational Option Pricing." *Bell Journal of Economics and Management Science* 4, no. 1 (Spring 1973): 141–83。关于这些主题的精辟论述请参考：Merton, Robert C. *Continuous-Time Finance.* Cambridge: B. Blackwell, 1990。

1. Austen, *Pride and Prejudice*, chapter 1.

2. ibid., chapter 19.

3. ibid., chapter 20.

4. ibid., chapter 46.

5. ibid., chapter 6.

6. ibid., chapter 22.

7. Holt, "Motion Sickness."

8. Trollope, *Phineas Finn*, 154–55.

9. ibid., 148.

10. ibid., 150.

11. Aristotle, *Politics*, vol. 1, book I, part 11.

12. ibid.

13. ibid.

14. de la Vega, *Confusion de Confusiones*, 2.

15. ibid.

16. ibid.

17. Frock, *Changing How the World Does Business*, 135.

18. Melville, "Bartleby, the Scrivener," 550.

19. Bellow, *Seize the Day*, part IV.

20. ibid., part I.

21. ibid.

22. ibid., part VII.

23. Trollope, *Phineas Finn*, 130.

24. Keynes, quoted in Moggridge, *Maynard Keynes*, 585.

25. Aristotle, *Nicomachean Ethics*, book VIII.

26. ibid.

第三章　论价值

关于银子的寓言，请参阅：Blomberg, Craig. *Interpreting the Parables.* Downers Grove, IL: InterVarsity Press, 2012; Chenoweth, Ben. "Identifying the Talents: Contextual Clues for the Meaning of the Parable of the Talents." *Tyndale Bulletin* 58, no. 1 (2005): 61–72; Carpenter, John. "The Parable of the Talents in Missionary Perspective: A Call for an Economic Spirituality." *Missiology* 25, no. 2 (1997): 165–81。我引用的是《圣经·新约·马太福音》第25章14~30节中"银子的寓言"的英文标准版本。关于葡萄园工人的寓言故事，参见

《圣经·新约·马太福音》第 20 章 1~16 节。

本章的其他主要资料来源包括：Johnson, Samuel. "On the Death of Dr. Robert Levet." In *The Oxford Book of English Verse*. Oxford: Clarendon, 1901; Milton, John. "When I Consider How My Light Is Spent." In *Poems (1673)*. London: Thomas Dring, 1673; Wesley, John. "The Use of Money." In *John Wesley*. Edited by Albert Outler. Oxford: Oxford University Press, 1980; Furnivall, F. J., ed. *The Tale of Beryn*. London: Forgotten Books, 2015。

以下文献有助于我们了解该寓言对弥尔顿和约翰逊的重要性：Fussell, Paul. *Samuel Johnson and the Life of Writing*. New York: Harcourt, Brace, Jovanovich, 1971; Hackenbracht, Ryan. "Milton and the Parable of the Talents: Nationalism and the Prelacy Controversy in Revolutionary England." *Philological Quarterly* 94, no. 1 (Winter 2015): 71–93; Hunter, William B., ed. *A Milton Encyclopedia*. Vol. 8. Lewisburg, PA: Bucknell University Press, 1978。

这个精彩的在线讲座让我了解到该寓言对弥尔顿的重要性：Rogers, John. "Credible Employment." Lecture, English 220 Class: Milton. Yale University, New Haven, CT。罗伯特·平斯基关于塞缪尔·约翰逊《悼罗伯特·莱维特医生》的文章激发了我将这首诗收录到本书中的动力：Pinsky, Robert. "Symmetrical Lines and Social Comforts." *Slate*, February 18, 2015。

估值背后的基本思想有很多论述，但我认为以下三篇文献尤为重要：Fisher, Irving. *The Theory of Interest: As Determined by Impatience to Spend Income and Opportunity to Invest It*. New York: Macmillan, 1930; Dean, Joel. *Capital Budgeting: Top-Management Policy on Plant, Equipment, and Product Development*. New York: Columbia University Press, 1951; Williams, John Burr. *The Theory of Investment Value*. Cambridge, MA: Harvard University Press, Fraser Publishing Reprint (1977)。

有关估值实践的通俗易懂的讨论，请参阅：McKinsey & Company, Tim

Koller, Marc Goedhart, and David Wessels. *Valuation: Measuring and Managing the Value of Companies.* Hoboken, NJ: John Wiley & Sons, 1990。要了解从业者们的实际做法，请参阅：Graham, John, and Campbell Harvey. "How Do CFOs Make Capital Budgeting and Capital Structure Decisions?" *Journal of Applied Corporate Finance* 15, no. 1 (2002): 8–23。威廉·桑代克的著作提供了一系列格外引人注目的对价值创造的案例分析：Thorndike, William N. *The Outsiders.* Boston: Harvard Business Press, 2013。

关于大学教育的价值，请参阅：Black, Sandra, and Jason Furman. "The Economic Record of the Obama Administration: Investing in Higher Education." Council of Economic Advisers, White House, 2016。

对有效市场的讨论参考了大量文献，其发展史综述详见：Bernstein, Peter L. *Capital Ideas: The Improbable Origins of Modern Wall Street.* 1st ed. New York: Free Press, 1992。这一研究领域的原创性成果在这篇开创性论文中得到了充分的阐述：Fama, Eugene. "Efficient Capital Markets: A Review of Theory and Empirical Work." *Journal of Finance* 25, no. 2 (May 1970): 383–417。尤其值得一提的是，尤金·法马慷慨地引用了前人的成果，包括保罗·萨缪尔森、威廉·夏普、伯努瓦·曼德尔布罗特、保罗·库特纳、杰克·特雷纳等人。以下讲座是了解有效市场理念的极佳资　源：Fama, Eugene. "A Brief History of the Efficient Market Hypothesis." Lecture, Masters of Finance. February 12, 2014。对这一问题的其他重要研究，请参阅：Grossman, Sanford J., and Joseph E. Stiglitz. "On the Impossibility of Informationally Efficient Markets." *American Economic Review* 70, no. 3 (June 1980): 393–408。

有效市场仍然是一个争论不休的话题，尤其是各种交易策略的盈利能力以及识别投资经理的投资技巧是否持续有效的能力。有兴趣的读者可参阅：Ang, Andrew, William N. Goetzmann, and Stephen M. Schaefer. *Review of the Efficient Market Theory and Evidence.* Columbia University, April 27, 2011。Berk, Jonathan B. "Five Myths of Active Portfolio Management." *Journal of Portfolio Management* 31, no. 3 (2005): 27–31; Harvey, Campbell, Yan Liu, and Heqing Zhu. "... and the Cross-Section of Expected Returns." *Review of Financial Studies* 29, no. 1 (January 2016): 5–68; Jones, Robert C., and Russ Wermers. "Active Management in Mostly Efficient Markets." *Financial Analysts Journal* 67, no. 6 (November/December 2011): 29–45; Jurek, Jakub W., and Erik Stafford. "The Cost of Capital for Alternative Investments." *Journal of Finance* 70, no. 5 (October 2015): 2185–226。

有关对金融在加剧收入不平等中的作用的评估,请参阅:Philippon, Thomas, and Ariell Reshef. "Wages and Human Capital in the U.S. Finance Industry, 1909–2006." *Quarterly Journal of Economics* 127, no. 4 (November 2012): 1551–611。关于另类资产行业的兴起及其对华尔街的影响的讨论,请参阅:Desai, Mihir A. "The Incentive Bubble." *Harvard Business Review* 90, no. 3 (March 2012): 123–29。

关于资产定价的总体状况,请参阅以下两篇精彩而严谨的概论性文献:Campbell, John Y. "Empirical Asset Pricing: Eugene Fama, Lars Peter Hansen, and Robert Shiller." *Scandinavian Journal of Economics* 116, no. 3 (2014): 593–634; Cochrane, John H. *Asset Pricing.* Princeton, NJ: Princeton University Press, 2001。这些观点还有一个更易理解的版本:Cochrane, John H., and Christopher L. Culp. "Equilibrium Asset Pricing and Discount Factors: Overview and Implications for Derivatives Valuation and Risk Management." In *Modern Risk Management: A History,* 57–92. London: Risk Books, 2003。这篇对有效市场研究现状的讨论极具启发性,也通俗易懂:Cochrane, John H. *Efficient Markets Today*。

1. Wesley, "The Use of Money."

2. Johnson, quoted in Fussell, *Samuel Johnson and the Life of Writing*, 100.

第四章　成为自己的制片人

对梅尔·布鲁克斯的《制片人》的讨论参考了：Brooks, Mel, and Thomas Meehan. *The Producers.* Directed by Mel Brooks. By Mel Brooks. Performed by Zero Mostel, Gene Wilder, and Estelle Winwood. United States: Embassy Pictures, 1968. Film; Kashner, Sam. "The Making of *The Producers*." *Vanity Fair,* January 2004, 108–40; Tynan, Kenneth. "Frolics and Detours of a Short Hebrew Man." *New Yorker,* October 30, 1978, 46–131。

有关公司治理的绝佳参考文献是：Shleifer, Andrei, and Robert Vishny. "A Survey of Corporate Governance." *Journal of Finance* 52, no. 2 (June 1997): 737–83。关于委托－代理的主要著作有：Fama, Eugene F. "Agency Problems and the Theory of the Firm." *Journal of Political Economy* 88, no. 2 (1980): 288–307; Jensen, Michael C., and William H. Meckling. "Theory of the Firm: Managerial Behavior, Agency Costs, and Ownership Structure." *Economic Analysis of the Law* 3, no. 4 (1976): 162–76; Jensen, Michael C. "Agency Costs of Free Cash Flow, Corporate Finance, and Takeovers." *American Economic Review* 76, no. 2 (1986): 323–27; Jensen, Michael C. "Value Maximization, Stakeholder Theory, and the Corporate Objective Function." *Journal of Applied Corporate Finance* 14, no. 3 (Fall 2001): 8–21。有关我对资本市场和公司治理最新发展的看法，请参阅：Desai, Mihir A. "The Incentive Bubble." *Harvard Business Review* 90, no. 3 (March 2012): 123–29。第一章引用的关于道德风险的其他文献对公司治理问题也具有相当高的参考价值。

论述这些问题的优秀教材是：Tirole, Jean. *The Theory of Corporate Finance.* Princeton, NJ: Princeton University Press, 2006。关于国际化观点，可参阅：La Porta, Rafael, Florencio Lopez-De-Silanes, and Andrei Shleifer. "Corporate

Ownership Around the World." *Journal of Finance* 54, no. 2 (April 1999): 471–517。对风险投资证券的介绍，可参阅：Gompers, Paul A., and Joshua Lerner. *The Venture Capital Cycle*. Cambridge, MA: MIT Press, 1999。

关于同笑乐糖果公司的发展，我参考了几篇新闻报道：Kesling, Ben. "Tootsie Roll CEO Melvin Gordon Dies at 95: Shares Rise as Investors Eye Candy Company as Potential Takeover Target." *Wall Street Journal,* January 21, 2015; Kesling, Ben. "Tootsie's Secret Empire: A CEO in His 90s Helms an Attractive Takeover Target. So What's Next? No One Really Knows." *Wall Street Journal,* August 22, 2012; Best, Dean. "Tootsie Roll CEO Melvin Gordon Dies at 95." Just-Food Global News (Bromsgrove), January 22, 2015。

关于苹果公司的发展，请参阅：Desai, Mihir A., and Elizabeth A. Meyer. "Financial Policy at Apple, 2013 (A)." Harvard Business School Case 214-085, June 2014。

关于首席执行官去世后的股价反应，请参阅：Johnson, Bruce W., Robert Magee, Nandu Nagarajan, and Harry Newman. "An Analysis of the Stock Price Reaction to Sudden Executive Deaths: Implications for the Management Labor Market." *Journal of Accounting and Economics* 7 (1985): 151–74; Quigley, Timothy J., Craig Crossland, and Robert J. Campbell. "Shareholder Perceptions of the Changing Impact of CEOs: Market Reactions to Unexpected CEO Deaths, 1950–2009." *Strategic Management Journal,* March 2016。

在探讨委托－代理框架与我们生活的相似之处时，我引用了：Luna, Elle. *The Crossroads of Should and Must: Find and Follow Your Passion*. New York: Workman Publishing, 2015; Miller, Alice. *The Drama of the Gifted Child*. New York: Basic Books, 1996; Joyce, James. *Ulysses*. Paris: Sylvia Beach, 1922; Grosz, Stephen. *The Examined Life: How We Lose and Find Ourselves*. New York: W. W. Norton & Company, 2013; Forster, E. M. *A Room with a View*.

Edited by Malcolm Bradbury. New York: Penguin Books, 2000。

1. Shleifer and Vishny, "A Survey of Corporate Governance," 738.

2. Forster, *A Room with a View*, 165.

3. Luna, *The Crossroads of Should and Must*, 51.

4. ibid., 31.

5. Tynan, "Frolics and Detours of a Short Hebrew Man," 108.

6. ibid., 108–9.

7. Joyce, Ulysses, 201.

8. Brooks and Meehan, *The Producers*.

9. Brooks, quoted in Kashner, "The Making of The Producers ," 113.

10. Tynan, "Frolics and Detours of a Short Hebrew Man," 65.

11. Brooks, quoted in Kashner, "The Making of *The Producers*," 113.

12. Sidney Glazier, quoted in ibid.

13. Karen Shepard, quoted in ibid.

14. Grosz, *The Examined Life*, 10.

15. Tynan, "Frolics and Detours of a Short Hebrew Man," 131.

第五章　没有金融就没有爱情

导入部分参考了一部电影和四首歌曲：*Working Girl.* Directed by Mike Nichols. By Kevin Wade. Performed by Melanie Griffith, Harrison Ford, and Sigourney Weaver. United States: Twentieth Century Fox Film Corporation, 1988. Film; Grimes, Tiny, Charlie Parker, Clyde Hart, Jimmy Butts, and Harold Doc West, writers. *Romance Without Finance.* Savoy, 1976. CD; Clayton, Sam, Bill Payne, and Martin Kibbee. *Romance Without Finance.* Little Feat. Zoo/Volcano Records, 1995. CD; Charles, Ray, writer. *I Got a Woman.* Comet Records, 2004. CD; West, Kanye. *Gold Digger.* By Kanye West, Ray Charles, and Renald Richard. Kanye West, Jon Brion, 2005. MP3。

有关嫁妆基金的历史参考了：Molho, Anthony. *Marriage Alliance in Late Medieval Florence*. Cambridge, MA: Harvard University Press, 1994; Kirshner, Julius. *Marriage, Dowry, and Citizenship in Late Medieval and Renaissance Italy*. Toronto: University of Toronto Press, 2015; Kirshner, Julius, and Anthony Molho. "The Dowry Fund and the Marriage Market in Early Quattrocento Florence." *Journal of Modern History* 50, no. 3 (1978): 404–38。

关于意大利金融史的文献很多，但我是通过这本特别有趣的著作了解到美第奇银行在文艺复兴时期佛罗伦萨的中心地位的：Parks, Tim. *Medici Money: Banking, Metaphysics and Art in Fifteenth Century Florence*. London: Profile Books, 2013。有关美第奇银行的传奇历史可参阅：de Roover, Raymond. *The Rise and Decline of the Medici Bank, 1397–1494*. London: Beard Books, 1999。

关于《阿尔诺芬尼夫妇像》中的嫁妆基金有两种不同观点，可参阅：Seidel, Linda. *Jan Van Eyck's Arnolfini Portrait: Stories of an Icon*. Cambridge: Cambridge University Press, 1993; Hall, Edwin. *The Arnolfini Betrothal: Medieval Marriage and the Enigma of Van Eyck's Double Portrait*. Berkeley: University of California Press, 1994。我通过亚当·戈普尼克了解到了"choix du roi"（王者之选）这个短语：Gopnik, Adam. "Like a King." *New Yorker*, January 31, 2000, 40–51。

对罗斯柴尔德家族的婚姻的描述参考了：Ferguson, Niall. *The House of Rothschild: Money's Prophets, 1798–1848*. New York: Viking, 1998; Ferguson, Niall. *The House of Rothschild: The World's Banker, 1848–1999*. London: Penguin, 2000。对泰国家族企业的研究参考了：Bunkanwanicha, Pramuan, Joseph P. H. Fan, and Yupana Wiwattanakantang. "The Value of Marriage to Family Firms." *Journal of Financial and Quantitative Analysis* 48, no. 2 (2013): 611–36。

现在有大量文献研究了门当户对式婚配的最新趋势：Greenwood, Jeremy, Nezih Guner, Georgi Kocharkov, and Cezar Santos. *Marry Your Like: Assortative Mating and Income Inequality.* Working paper no. 19829. National Bureau of Economic Research, January 2014; Eika, Lasse, Magne Mogstad, and Basit Zafar. *Educational Assortative Mating and Household Income Inequality.* Working paper no. 20271. National Bureau of Economic Research, July 2014。相关新闻报道有：Bennhold, Katrin. "Equality and the End of Marrying Up." *New York Times,* June 12, 2012; Cowen, Tyler. "The Marriages of Power Couples Reinforce Income Inequality." *New York Times,* December 24, 2015; Miller, Claire Cain, and Quoctrung Bui. "Equality in Marriages Grows, and So Does Class Divide." *New York Times,* February 27, 2016。

对美国在线和时代华纳合并案的叙述参考了以下文献：Okrent, Daniel. "AOL–Time Warner Merger: Happily Ever After?" *Time,* January 24, 2000; Klein, Alec. *Stealing Time: Steve Case, Jerry Levin, and the Collapse of AOL Time Warner.* New York: Simon & Schuster, 2003; Munk, Nina. *Fools Rush In: Steve Case, Jerry Levin, and the Unmaking of AOL Time Warner.* New York: Harper-Business, 2004; Arango, Tim. "How the AOL–Time Warner Merger Went So Wrong." *New York Times,* January 10, 2010; *Marriage from Hell: The Breakup of AOL Time Warner.* United States: CNBC, January 6, 2010. News Documentary; Barnett, Emma, and Amanda Andrews. "AOL Merger Was the Biggest Mistake in Corporate History, Believes Time Warner Chief Jeff Bewkes." *Telegraph,* September 28, 2010; Perez-Pena, Richard. "Time Warner Board Backs AOL Spinoff." *New York Times,* May 28, 2009。

以从业者为导向的关于企业并购的精彩综述，请参阅：Bruner, Robert F. *Applied Mergers and Acquisitions.* Hoboken, NJ: J. Wiley, 2004; Bruner, Robert F. *Deals from Hell: M&A Lessons That Rise Above the Ashes.* Hoboken,

NJ: John Wiley & Sons, 2005; Weston, J. Fred, Mark L. Mitchell, and J. Harold Mullherin. *Takeovers, Restructuring and Corporate Governance.* Upper Saddle River, NJ: Pearson Prentice Hall, 2004。

关于通用汽车公司与费希博德公司之间关系的描述参考了：Klein, Benjamin, Robert Crawford, and Armen Alchian. "Vertical Integration, Appropriable Rents, and the Competitive Contracting Process." *Journal of Law and Economics* 21, no. 2 (1978): 297–326; Klein, Benjamin. "Vertical Integration as Organizational Ownership: The Fisher Body–General Motors Relationship Revisited." *Journal of Law, Economics and Organization* 4, no. 1 (March/April 1998): 199–213; Klein, Benjamin. "Fisher–General Motors and the Nature of the Firm." *Journal of Law and Economics* 43, no. 1 (2000): 105–42; Freeland, Robert F. "Creating Holdup Through Vertical Integration: Fisher Body Revisited." *Journal of Law and Economics* 43, no. 1 (2000): 33–66; Coase, R. H. "The Acquisition of Fisher Body by General Motors." *Journal of Law and Economics* 43, no. 1 (2000): 15–32; Casadesus-Masanell, Ramon, and Daniel F. Spulber. "The Fable of Fisher Body" *Journal of Law and Economics* 43, no. 1 (2000): 67–104; Sloan, Alfred P. *My Years with General Motors.* Garden City, NY: Doubleday, 1964。

对通用汽车公司与费希博德公司并购案不那么浪漫的解读，请参阅：Coase, Ronald H. "The Nature of the Firm." *Economica* 4, no. 16 (1937): 386–405。而更浪漫的故事版本则来自：Hart, Oliver D. *Firms, Contracts, and Financial Structure.* Oxford: Clarendon Press, 1995。介于两者之间的版本请参阅：Williamson, Oliver E. *Markets and Hierarchies: Analysis and Antitrust Implications: A Study in the Economics of Internal Organization.* New York: Free Press, 1983。

对福特汽车公司和弗尔斯通轮胎公司的合作与分裂的描述，参考丁：Newton, James. *Uncommon Friends: Life with Thomas Edison, Henry Ford, Harvey Firestone, Alexis Carrel, and Charles Lindbergh*. New York: Mariner Books, 1989; Aeppel, Timothy, Joseph B. White, and Stephen Power. "Bridgestone's Firestone Quits Relationship of 95 Years as Supplier of Tires to Ford." *Wall Street Journal,* May 21, 2001; "Firestone Ends Ties with Ford." *Digital Journal,* May 22, 2001. Lampe, John T. John T. Lampe to Jacques Nasser. "The Firestone-Ford Break-up Letter." *USA Today,* May 21, 2001; Mackinnon, Jim, and Katie Byard. "William Clay Ford's Death Brings Back Memories of Grand Akron Wedding in 1947." *Akron Beacon Journal,* March 12, 2014。

1. 摘自1470年重组基金的法律，引自 Kirshner and Molho, "The Dowry Fund and the Marriage Market in Early Quattrocento Florence," 438。

2. 方济各会神学家安杰洛·卡莱蒂·达基瓦斯的评论，引自 ibid., 434.

3. ibid.

4. Ferguson, *The House of Rothschild: Money's Prophets, 1798–1848,* 43.

5. Ferguson, The House of Rothschild: The World's Banker, 1848–1999, xxvi.

6. Ferguson, *The House of Rothschild: Money's Prophets, 1798–1848,* 322.

7. Munk, *Fools Rush In,* 180.

8. Klein, *Stealing Time,* 102.

9. Arango, "How the AOL–Time Warner Merger Went So Wrong."

10. Barnett and Andrews, "AOL Merger Was the Biggest Mistake in Corporate History, Believes Time Warner Chief Jeff Bewkes."

11. Munk, *Fools Rush In*, 264.

12. Arango, "How the AOL–Time Warner Merger Went So Wrong."

13. Perez-Pena, "Time Warner Board Backs AOL Spinoff."

14. Lampe to Nasser, "The Firestone-Ford Break-up Letter."

第六章　美梦成真

围绕杰里米·边沁"自体圣像"（"Auto-Icon"）的传统，可参阅：UCL Bentham Project。本章开头提到的会议的具体内容参见："Jeremy Bentham Makes Surprise Visit to UCL Council." UCL. July 10, 2013。关于杰里米·边沁和亚当·斯密的长期论争参考了：Smith, Adam. *The Wealth of Nations.* New York: Bantam Classics, 2003. Bentham, Jeremy. *Defence of Usury.* London: Routledge/Thoemmes, 1992; Hollander, Samuel. "Jeremy Bentham and Adam Smith on the Usury Laws: A 'Smithian' Reply to Bentham and a New Problem." *European Journal of the History of Economic Thought* 6, no. 4 (1999): 523–51。

对《威尼斯商人》中借贷作用的讨论，参考了：Shakespeare, William. *The Merchant of Venice.* Edited by Barbara A. Mowat and Paul Werstine. New York: Washington Square Press, 1992; Sharp, Ronald A. "Gift Exchange and the Economies of Spirit in *The Merchant of Venice*." *Modern Philology* 83, no. 3 (February 1986): 250–65; Draper, John W. "Usury in *The Merchant of Venice*." *Modern Philology* 33, no. 1 (August 1935): 37–47; Auden, W. H. "A Merchant in Venice." In *The Merchant of Venice (Bloom's Shakespeare Through the Ages).* New York: Bloom's Literary Criticism, 2008; Bailey, Amanda. "Shylock and the Slaves: Owing and Owning in *The Merchant of Venice*." *Shakespeare Quarterly* 62, no. 1 (Spring 2011): 1–24; Wills, Garry. "Shylock Without Usury." *New York Review of Books,* January 18, 1990; Berger, Harry. "Marriage and Mercifixion in *The Merchant of Venice:* The Casket Scene Revisited." *Shakespeare Quarterly* 32, no. 2 (July 1, 1981): 155–62。

对奥威尔和贝娄的讨论，参考了：McCrum, Robert. "The Masterpiece That Killed George Orwell." *Guardian,* May 9, 2009; Massie, Alex. "Jura Days." *Spectator,* August 2, 2013; Bowker, Gordon. *George Orwell.* London: Abacus, 2004; Bellow, Saul. *There Is Simply Too Much to Think About: Collected*

Nonfiction. Edited by Benjamin Taylor. New York: Penguin Books, 2015。

对杰夫·昆斯的讨论，参考了：Croak, James. "The Closer: Memories of Jeff Koons." Hamptons Art Hub. August 11, 2014；Haden-Guest, Anthony. "Jeff Koons: Art or Commerce?" *Vanity Fair,* November 1991; "Jeff Koons." Interview by Klaus Ottmann. *Journal of Contemporary Art,* 1995；"Jeff Koons." Interview by Naomi Campbell. *Interview Magazine,* December 12, 2012；"Jeff Koons: Diary of a Seducer." In *Imagine ...* BBC One, June 30, 2015; Salmon, Felix. "Jeff Koons: A Master Innovator Turning Money into Art." *Guardian,* July 3, 2014; Schjeldahl, Peter. "Selling Points: A Jeff Koons Retrospective." *New Yorker,* July 7, 2014。

关于我所描述的债务选择动态的更多信息，有许多重要而有用的文献，包括：Bhattacharya, Sudipto. "Corporate Finance and the Legacy of Miller and Modigliani." *Journal of Economic Perspectives* 2, no. 4 (Fall 1988): 135–47; Harris, Milton, and Artur Raviv. "The Theory of Capital Structure." *Journal of Finance* 46, no. 1 (March 1991): 297–355; Hart, Oliver, and John Moore. "Default and Renegotiation: A Dynamic Model of Debt." *Quarterly Journal of Economics* 113, no. 1 (1998): 1–41; Modigliani, Franco, and Merton H. Miller. "Corporate Income Taxes and the Cost of Capital: A Correction." *American Economic Review* 53, no. 3 (June 1963): 433–43; Modigliani, Franco, and Merton H. Miller. "The Cost of Capital, Corporation Finance, and the Theory of Investment." *American Economic Review* 48, no. 3 (June 1958): 261–97; Myers, Stewart C., and Nicholas S. Majluf. "Corporate Financing and Investment Decisions When Firms Have Information that Investors Do Not Have." *Journal of Financial Economics* 13, no. 2 (1984): 187–221。

关于债务积压，请参阅：Ishiguro, Kazuo. *The Remains of the Day.* New York: Knopf, 1989; Myers, Stewart. "Determinants of Corporate Borrowing."

Journal of Financial Economics 5, no. 2 (1977): 147–75。相关概念在国债中的应用，请参阅：Bulow, Jeremy, and Kenneth Rogoff. "Cleaning Up Third-World Debt Without Getting Taken to the Cleaners." *Journal of Economic Perspectives* 4 (1990): 31–42。

关于遗憾的重要性，请参阅：Roese, Neal J., and Amy Summerville. "What We Regret Most ... and Why." Personality and Social Psychology Bulletin 31, no. 9 (September 2005): 1273–85; Parker-Pope, Tara. "What's Your Biggest Regret?" New York Times (blog), March 23, 2011。关于承诺机制，请参阅：Bryan, Gharan, Dean Karlan, and Scott Nelson. "Commitment Devices." Annual Review of Economics 2 (September 2010): 671–98。

关于杠杆"红利"，请参阅：Jensen, Michael C. "Agency Cost of Free Cash Flow, Corporate Finance, and Takeovers." *American Economic Review* 76, no. 2 (May 1986): 323–29; Watson, Thomas J., and Peter Petre. *Father, Son & Co.: My Life at IBM and Beyond.* New York: Bantam Books, 1990; Shenk, Joshua Wolf. "What Makes Us Happy?" *Atlantic,* June 2009; Vaillant, George E. *Triumphs of Experience: The Men of the Harvard Grant Study.* Cambridge, MA: Belknap Press of Harvard University Press, 2012; Jefferson, Thomas. Thomas Jefferson to José Corrêa da Serra. December 27, 1814. Monticello, Charlottesville, Virginia。

1. Smith, *The Wealth of Nations*, book II, chapter 4.

2. Bentham, Defence of Usury, 174.

3. ibid., 157.

4. ibid., 135.

5. Shakespeare, *The Merchant of Venice*, act I, scene 3.

6. Auden, "A Merchant in Venice," 147.

7. Berger, "Marriage and Mercifixion in The Merchant of Venice," 160.

8. Auden, "A Merchant in Venice," 140.

9. ibid.

10. McCrum, "The Masterpiece That Killed George Orwell."

11. ibid.

12. Massie, "Jura Days."

13. Bellow, There Is Simply Too Much to Think About, 201.

14. ibid., 135.

15. Schjeldahl, "Selling Points."

16. Koons, interview by Klaus Ottmann.

17. Schjeldahl, "Selling Points."

18. Koons, interview by Naomi Campbell.

19. Salmon, "Jeff Koons: A Master Innovator Turning Money into Art."

20. ibid.

21. Ishiguro, *The Remains of the Day*, 51.

22. ibid., 173.

23. ibid.

24. ibid., 110, 227.

25. ibid., 242.

26. Jensen, "Agency Cost of Free Cash Flow, Corporate Finance, and Takeovers," 323.

27. Watson and Petre, Father, Son & Co., 67.

28. Shenk, "What Makes Us Happy?"

29. Jefferson to José Corrêa da Serra.

30. Koons, "Jeff Koons: Diary of a Seducer."

第七章　在失败中前行

对罗伯特·莫里斯生平的阐释参考了：Smith, Ryan K. *Robert Morris's Folly: The Architectural and Financial Failures of an American Founder.* New Haven, CT: Yale University Press, 2014; Rappleye, Charles. *Robert Morris: Financier of the American Revolution.* New York: Simon & Schuster, 2010; McCraw, Thomas K. *The Founders and Finance: How Hamilton, Gallatin, and Other Immigrants Forged a New Economy.* Cambridge, MA: Belknap Press of Harvard University Press, 2012。

破产法的早期演变以及罗伯特·莫里斯在其中所扮演的角色，可参阅：Mann, Bruce H. *Republic of Debtors: Bankruptcy in the Age of American Independence.* Cambridge, MA: Harvard University Press, 2002。另一篇精彩的介绍是：Skeel, David A. *Debt's Dominion: A History of Bankruptcy Law in America.* Princeton, NJ: Princeton University Press, 2001。关于从失败中吸取经验教训的讨论，参考了：Edmondson, Amy. "Strategies for Learning from Failure." *Harvard Business Review* (April 2011 reprint): 1–9。

关于雷曼兄弟公司破产案，请参阅：McCracken, Jeffrey. "Lehman's Chaotic Bankruptcy Filing Destroyed Billions in Value." *Wall Street Journal,* December 29, 2008。

对美国航空公司破产的最完整描述，可参阅：Shih, Willy. "American Airlines in 2011." Harvard Business School Case 615-009, July 2014 (revised November 2015); Lynagh, Connor, Darryl Pinkus, Andrew Ralph, and Michael Sutcliffe. "The American Airlines Bankruptcy." Turnaround Management Association。我还参考了一些新闻报道：Bailey, Jeff. "Anger Management at American Airlines." *New York Times,* July 23, 2006; Mouawad, Jad. "A Waning Star of Air Travel Struggles as a Solo Act." *New York Times,* May 19, 2010; Lindsay, D. Michael. "A C.E.O.'s Moral Stand." *New York Times,* November

30, 2011; Maxon, Terry. "Former AMR Board Member Credits Ex-CEO Gerard Arpey for Keeping Company Going." *Dallas News,* November 30, 2011; Brown, Nick. "AMR Labor Needs Shifted After Bankruptcy." Reuters, April 26, 2012; "AMR All Shook Up." *Bloomberg News,* November 30, 2011; Gandel, Stephen. "American Airlines: Bankrupt Companies Are Healthier than They Used to Be." *Time,* November 30, 2011。员工数据来自："Overview of BLS Statistics by Industry." U.S. Bureau of Labor Statistics. 2016。关于最近的破产案例，请参阅：Gilson, Stuart C. *Creating Value Through Corporate Restructuring: Case Studies in Bankruptcies, Buyouts, and Breakups.* New York: Wiley, 2001。

对希腊悲剧和玛莎·努斯鲍姆的讨论参考了：Eliot, T. S. *Four Quartets.* London: Faber & Faber, 1944; Euripides. *Iphigenia in Aulis.* Translated by Nicholas Rudall. Chicago: Ivan R. Dee, 1997; Euripides. *Hecuba.* Translated by Janet Lembke, and Kenneth J. Reckford. New York: Oxford University Press, 1991; Eknath, Easwaran. *The Bhagavad Gita.* Petaluma, CA: Nilgiri Press, 1985; Nussbaum, Martha C. *The Fragility of Goodness: Luck and Ethics in Greek Tragedy and Philosophy.* Cambridge: Cambridge University Press, 1986; Knull, Katie Roth, and Jack Sameth, producers. "Martha Nussbaum." Transcript. In *Bill Moyers's World of Ideas.* PBS, November 16, 1988; Nussbaum, Martha C. "The Costs of Tragedy: Some Limits of Cost Benefit Analysis." *Journal of Legal Studies* 29, no. 2 (June 2000): 1005–36。对《薄伽梵歌》与T.S.艾略特（以及边沁和斯密）之间联系的精彩讨论，可参阅：Sen, Amartya K. "Money and Value: On the Ethics and Economics of Finance." Bank of Italy Baffi Lecture, 1991。

1. Mann, *Republic of Debtors*, 262.

2. Fisher, quoted in Smith, *Robert Morris's Folly*, 207.

3. Mann, *Republic of Debtors*, 207.

4. ibid., 229.

5. Edmondson, "Strategies for Learning from Failure," 9.

6. Mann, *Republic of Debtors*, 255.

7. Bailey, "Anger Management at American Airlines."

8. Arpey, quoted in Mouawad, "A Waning Star of Air Travel Struggles as a Solo Act."

9. Boren, quoted in Maxon, "Former AMR Board Member Credits Ex-CEO Gerard Arpey for Keeping Company Going."

10. American Airlines press release, quoted in "AMR All Shook Up," and Gandel, "American Airlines."

11. Agamemnon, quoted in Nussbaum, "The Costs of Tragedy," 1005–36. 这句话在不同的文本中有不同的译法。我使用的是努斯鲍姆所写的文章的脚注 7 中引用的翻译版本。

12. Eliot, *Four Quartets*, 31.

13. Nussbaum, *The Fragility of Goodness*, 7.

14. Brown, "AMR Labor Needs Shifted After Bankruptcy."

15. James Dubela, email to author, July 15, 2016.

16. Nussbaum, interview in *Bill Moyers's World of Ideas*.

17. Nussbaum, *The Fragility of Goodness*, 5.

第八章　人人都痛恨金融的缘由

本章引用的主要文学作品有：Tolstoy, Leo. "*How Much Land Does a Man Need?*" Translated by Ronald Wilks. New York: Penguin Books, 2015; Dreiser, Theodore. *The Financier*. Cleveland, OH: World Pub., 1940; Ellis, Bret Easton. *American Psycho*. New York: Vintage Books, 1991. DeLillo, Don. *Cosmopolis*. New York: Scribner, 2003; Cather, Willa. *O Pioneers!* In *Willa Cather: Novels and Stories 1905–1918.* New York: Library of America, 1999。

引用的乔伊斯的话出自：Orwin, Donna Tussing. *The Cambridge Companion to Tolstoy.* Cambridge: Cambridge University Press, 2002。

对马丁·什克雷利的描述，我参考了：Goldman, David. "Who Is Martin Shkreli? A Timeline." CNN Money, December 18, 2015。"Everything You Know About Martin Shkreli Is Wrong—or Is It?" *Vanity Fair,* February 2016; and Sanneh, Kelefa. "Everyone Hates Martin Shkreli. Everyone Is Missing the Point." *New Yorker,* February 5, 2016。公众对金融的看法在以下文献中有所概括：Owens, L. A. "The Polls—Trends: Confidence in Banks, Financial Institutions, and Wall Street, 1971–2011." *Public Opinion Quarterly* 76, no. 1 (2012): 142–62。

对德莱塞的访谈选自：Rusch, Frederic E., and Donald Pizer, eds. *Theodore Dreiser: Interviews.* Urbana: University of Illinois Press, 2004。

关于归因错误的更多信息，可参阅：Heider, Fritz. *The Psychology of Interpersonal Relations.* New York: Wiley, 1958; Larson, James R. "Evidence for a Self-Serving Bias in the Attribution of Causality." *Journal of Personality* 45, no. 3 (1977): 430–41; Miller, Dale T., and Michael Ross. "Self-Serving Biases in the Attribution of Causality: Fact or Fiction?" *Psychological Bulletin* 82, no. 2 (1975): 213。

正是斯蒂芬·考克斯让我意识到了薇拉·凯瑟作品与金融的相关性：Cox, Stephen. "The Panic of '93: The Literary Response." In *Capitalism and Commerce in Imaginative Literature.* Edited by Edward Younkis. Lanham, MD: Lexington Books, 2016。

1. Joyce, quoted in Orwin, *The Cambridge Companion to Tolstoy,* 209.

2. Tolstoy, *"How Much Land Does a Man Need?,"* 4.

3. ibid., 5.

4. ibid., 8.

5. ibid., 13.

6. ibid., 21.

7. ibid., 2.

8. ibid.

9. Dreiser, *The Financier*, 11.

10. Dreiser, quoted in Rusch and Pizer, *Theodore Dreiser*, 35.

11. Cather, *O Pioneers!*, 171.

12. ibid., 170.

13. ibid.

14. ibid., 171.

15. ibid.

16. ibid., 190.

17. ibid., 181.

18. ibid., 220.

19. ibid., 192.

20. ibid.

21. ibid., 194.

22. ibid., 178.

23. ibid., 287.

24. ibid., 220.

25. ibid., 280.

26. ibid., 283.

27. ibid., 289.

28. ibid., 196.

后记

关于两种文化的争论是以下几部重要著作的主题：Snow, C. P. *The Two Cultures and the Scientific Revolution*. 1st ed. New York: Cambridge University Press, 1959; Wilson, Edward O. *Consilience: The Unity of Knowledge*. New York: Vintage Books, 1999; Gould, Stephen Jay. *The Hedgehog, the Fox, and the Magister's Pox: Mending the Gap Between Science and the Humanities*. New York: Harmony Books, 2003。

1. Snow, *The Two Cultures and the Scientific Revolution*, 15.

2. ibid., 12.

3. ibid., 17.

4. ibid., 53.

5. ibid.

6. Wilson, *Consilience*, 5.

7. ibid., 137.

8. ibid., 71.

插图来源

引言：荷兰阿姆斯特丹旧证券交易所。图片由 Ann Ronan Pictures/Print Collector/Getty Images 提供。

第一章：《福尔图娜》（18世纪德国版画），倍海姆所作。图片由 Bettmann Collection/Getty Images 提供。

第二章：英国作家简·奥斯汀（1775—1817年）（1873年版画）。图片由 traveler1116/Getty Images 提供。

第三章：《天资的寓言》（来自私人收藏），由卢卡斯·范杜泰库姆（约1530—1584年）所作。图片由 Finc Art Images/Heritage Images/Getty Images 提供。

第四章：《制片人》中的泽罗·莫斯苔和吉恩·怀尔德。艾尔·赫希菲尔德基金会版权所有。

第五章：《阿尔诺芬尼夫妇像》，由扬·凡·艾克（1395—1441年）所作。图片由 Universal History Archive/Universal Images Group/Getty Images 提供。

第六章：莎士比亚《威尼斯商人》（大约创作于 1596 年）第三幕第一场中萨莱尼奥和萨拉里诺在威尼斯的街道上遇到夏洛克（水彩画），由约翰·吉尔伯特爵士所作。图片由 Rischgitz/Hulton Archive/Getty Images 提供。

图 6-1 资产与负债/净值图表，由作者提供。

第七章：戴颈手枷示众的丹尼尔·笛福（1868 年版画）。图片由 Duncan Walker/Getty Images 提供。

第八章：落日余晖下的薇拉·凯瑟与老丹麦教堂。图片由 Farrell Grehan/National Geographic/Getty Images 提供。